EDUCAÇÃO, TEORIA CRÍTICA E CULTURA MUSICAL CONTEMPORÂNEA

pesquisas e propostas de transformação no campo da formação estética

1ª Edição

Adornos Notenhandschrift, 1914: *Heftige Achtel*
(Drei kurze Klavierstücke, 2. Stück)

Goiânia

Eliton Perpétuo Rosa Pereira

2017

ISBN: 978-85-923339-0-4

P436m

Pereira, Eliton et al.
    Educação, Teoria Crítica e Cultura Musical Contemporânea: pesquisas e propostas de transformação no campo da formação estética / Eliton Pereira et al. – Goiânia: Eliton Perpétuo Rosa Pereira Editor, 2017.
    160p.: il.

ISBN: 978-85-923339-0-4
    1 Educação musical. 2 Teoria crítica.
    3 Pesquisas. 4 Formação estética.
    I Pereira, Eliton.   II Título.

CDD 370

Catalogado pelo editor.

Editor: Eliton Perpétuo Rosa Pereira

Capa: Notação de Adorno de 1934.
Heftige Achtel.
Drei kurze Klavierstücke, 2. Stück.

IMPRESSO NO BRASIL

SUMÁRIO

PREFÁCIO

Cristiano A. da Costa[*]

A importância deste livro é logo percebida quando nos deparamos com seu título - *Educação, Teoria Crítica e Cultura Musical Contemporânea: propostas e ações de transformação no campo da formação estética*. A temática desenvolvida traz em seu conteúdo a responsabilidade de discutir as contradições do contexto social com foco no ensino de música. O que tem se mostrado de fundamental importância pois as temáticas aqui discutidas remetem a uma formação humana em que os sujeitos são instigados a alcançar uma capacidade crítica e reflexiva.

Pensar o campo do ensino de música tendo como referência a Teoria Crítica da Sociedade Frankfurtiana é algo que tem se mostrado relevante no processo de formação. Isso porque o campo musical requer propostas educativas que abordem a direta relação entre o universal e particular, teoria e práxis, subjetividade e objetividade, sujeito e objeto. Dicotomias estas que se fazem presentes na construção do conhecimento.

É importante destacar que a teoria que embasa os capítulos deste livro é cara para o campo musical, pois, tem como entendimento que arte é trabalho e que, dessa forma, não se desvincula de uma proposta formativa em que o sujeito deve ter consciência de si mesmo e das tramas que constituem a sociedade. E essa é uma preocupação que deve permear tanto o educador musical, o educando ou o próprio intérprete da música. A arte entendida como trabalho se remete à formação não por um caráter conciliatório, mas pela responsabilidade de trazer o sujeito a um estado de não-conformismo diante das ideologias impostas.

A Indústria Cultural discutida pelos autores é representativa de tais ideologias. Ao impor a ideia da música como simples entretenimento a mídia impossibilita que a manifestação artística venha proporcionar uma verdadeira experiência estética em que se possa ter acesso ao caráter imanente do que está sendo fruído. Inibir essa condição é objetivo daqueles que não tem a educação

---

[*] Doutor em Educação pela Faculdade de Educação da UFG. Mestre em Música - Educação Musical pela UFG. É especialista em Música Brasileira (UFG) e Docência Universitária (Fago). Possui graduação em Educação Artística habilitação em Música pela Universidade Federal de Goiás. É integrante (pesquisador) do Núcleo de Estudos e Pesquisas sobre Violência, Infância, Diversidade e Arte (NEVIDA). Atualmente é docente de Nível Médio e Nível Superior na área de Educação Musical no Instituto Federal de Goiás. Pesquisa na área de Educação Musical, Educação Estética e Indústria Cultural.

como possibilidade formativa, mas (de)formativa. Ir de encontro aos ideais de alienação da Indústria Cultural deve estar entre os objetivos principais do educador musical que busca a formação humana.

Com a responsabilidade de prefaciar este livro posso afirmar que os autores, em cada pesquisa relatada, buscam este propósito. A pesquisa que associa o ensino de música a um formato crítico tem se mostrado de grande dificuldade pela resistência que tanto educadores quanto educandos têm mostrado nesse campo. Afinal é mais fácil reproduzir ou repassar um conhecimento do que provocar as pessoas a pensarem. Esta última ideia é o que se pode identificar neste livro.

Corroboro aqui, dentro das discussões feitas, a importância da análise crítica para a formação de professores e para os ouvintes de modo geral. Nesse processo o repensar a si mesmo e a realidade é algo que não pode ser deixado de lado com risco de estar reforçando o *status quo*. Portanto, o papel daqueles que trabalham a formação, partindo da música, é tornar possível a emancipação, por ter como princípio instigar novas percepções.

Pelos pontos que destaquei aqui, e por outros muito bem trabalhados no decorrer das exposições, acredito que a leitura deste livro contribuirá para aqueles que tenham interesse em discussões que abarquem o inconformismo, a não aceitação passiva de ideias.

INTRODUÇÃO

Este livro não seria possível sem a colaboração da Faculdade de Educação da Universidade Federal de Goiás, principalmente dada a colaboração das professoras Solange Magalhães, Ruth Catarina e Silvia Zanolla, que abriram espaço para a discussão da Arte e da Música no contexto das disciplinas sobre Formação de Professores e Teoria Crítica, respectivamente, na Pós-Graduação/Mestrado/Doutorado em Educação.

Nossa preocupação com a formação de professores de música exigiu um esforço no estudo dos conceitos como formação estética, *práxis* educativa e a relação do campo formativo com o musicológico. Assim, em 2011 divulgamos um estudo inicial intitulado: 'Formação continuada de professores de arte em Goiás: identidade e profissionalidade docente em questão' (Pereira, 2011). Naquele momento, no XXI congresso da CONFAEB - Federação de Arte Educadores do Brasil - havíamos iniciado uma árdua jornada nos estudos sobre formação de professores de Arte/Música.

Em 2014, avançamos um pouco mais com estudos sobre 'a prática e a *práxis* na formação e profissionalização docente: conceitos, discursos e implicações na formação inicial do professorado', cujo texto foi apresentado no SEMIEDU – em Cuiabá/MT (Pereira, 2014). Assim, a relação entre formação de professores e leitura da cultura contemporânea colaborou para problematizarmos os contextos sociais e culturais e as implicações deste contexto na construção do perfil profissional do professor de música.

Nossos estudos avançaram quando participamos do V Simpósio Internacional de Musicologia da UFG e VII Encontro de Musicologia da UFRJ com o texto 'Formação estética musical e indústria cultural: um estudo musicológico abrangente com base na teoria crítica adorniana' (Pereira, 2015). Neste evento divulgamos parte de um projeto de pesquisa em andamento no Instituto Federal de Goiás (IFG), no qual pretendíamos estudar coletivamente a relação entre Teoria Crítica e Educação Musical.

Já no XVI SEMPEM - Seminário de Pesquisa em Música da UFG - comunicamos o texto 'Revisão de literatura na pesquisa em educação musical: periódicos, bases de dados e bancos de teses nacionais e internacionais' (Pereira, 2016), no qual organizamos de modo sistemático uma introdução sobre a pesquisa acadêmica/científica sobre Educação Musical na América Latina.

Deste modo, nossa preocupação com a área da interpretação da cultura contemporânea em relação à educação estética, e à educação musical propriamente dita, tem sido a tônica dos nossos estudos, hora abrangendo a formação de professores, hora buscando compreender categorias teórico-críticas ou buscando uma interpretação discursiva dos trabalhos acadêmicos da área da educação musical.

As produções aqui apresentadas são fruto de um esforço coletivo de estudos desenvolvidos no contexto do projeto de pesquisa cadastrado junto ao Instituto Federal de Educação, Ciência e Tecnologia de Goiás - IFG, intitulado: 'Música na escola: formação estética na era da indústria cultural'. A pesquisa objetivou compreender as contribuições das concepções formativas, estéticas, musicais e sociológicas de Adorno para a pesquisa em educação musical na atualidade. Partiu do questionamento sobre como a teoria crítica, na perspectiva adorniana, concebe e desenvolve pesquisas de cunho crítico da sociedade.

Deste modo, foram desenvolvidas várias pesquisas acadêmicas no contexto da formação de professores de música. As pesquisas partiram da criação de grupos de estudo teórico, criação de projetos de pesquisa individuais pelos estudantes acadêmicos do IFG - Campus Goiânia, e ainda na possibilidade do desenvolvimento de propostas pedagógicas e ações junto à escolares, cujo desafio se perpetua na configuração da resistência teórico/prática contra todo tipo de ataque à formação cultural plena do sujeito crítico e autônomo.

Inicialmente apresentamos aqui o texto: 'Teoria crítica e suas contribuições para o desenvolvimento de pesquisas em formação musical na atualidade'. Esse primeiro texto, do organizador deste livro, abre as questões iniciais da pesquisa geral e propõe uma análise das possíveis contribuições da Teoria Crítica da Sociedade para o desenvolvimento de pesquisas que relacionam Música, Formação e Indústria Cultural. Procura-se mostrar a possibilidade de estudos sobre a influência da música na indução de condutas sociais consideradas alienantes, na produção de consumo involuntário e na inversão de valores.

Já o texto de André Bernardes e Eliton Pereira, intitulado: 'A educação musical e a cultura do consumo: reflexões formativas à luz da teoria crítica', foi desenvolvido com o objetivo de abordar mais detalhadamente as teorias que resistem à influência da indústria cultural e que buscam conceber, contrariamente, a formação do sujeito em consonância aos ideários de uma sociedade mais autônoma. Baseados em estudos de Theodor Adorno e em outros autores da Teoria Crítica, além da reflexão teórica, foi realizada uma pesquisa com estudantes e professores de música do Instituto Federal de Goiás, que procurou demonstrar pontos relativos ao consumo, formação humana e o risco do apego a conhecimentos técnicos nas aulas de música. Consumo, alienação, proposta de resistência à indústria cultural e formação do educador musical são os principais tópicos deste texto.

O texto intitulado 'A indústria cultural no contexto musical religioso', de Trigueiro e Pereira, questiona a inversão de valores no contexto das músicas religiosas. Buscamos compreender como a música gospel, que a princípio teria a sua função específica intrínseca à religião, apresenta-se também como um seguimento de mercado. Apoiado no pensamento adorniano, esse trabalho buscou investigar a presença da indústria cultural também no contexto religioso, expondo seus aspectos imanentes, bem como, as contradições sociais decorrentes. Por meio de análise de conteúdos de reportagens, entrevistas e grupo focal, a pesquisa procurou compreender as contradições do cenário musical religioso, que denunciam a presença da indústria cultural neste contexto.

Ainda, como exemplo do desenvolvimento de pesquisas teórico-críticas em educação musical, o estudo intitulado: 'Apreciação musical no processo formativo: uma análise de conteúdo na revista da abem e um e-survey com professores de música'; de Borges, Silva e Pereira, teve por objeto de estudo a apreciação musical como temática da produção científica em educação musical. Para o desenvolvimento do estudo foi realizada uma pesquisa documental junto à artigos publicados na Revista da ABEM - Associação Brasileira de Educação Musical. Além disso, foi empregada uma pesquisa de opinião junto a professores de música com a finalidade de identificar como estes se relacionam em termos apreciativos com a música. Buscou-se compreender a abordagem crítica na educação musical e propor a superação da centralidade na abordagem construtivista ou culturalista da área.

Apontando para uma ação mais focada na prática pedagógica, foi realizado um estudo junto à escolares no contexto da pesquisa intitulada: 'A apreciação musical na escola: formação estética, resistência e crítica para além da indústria cultural'; texto de Melo Júnior e Pereira que relata o estudo que objetivou compreender a concepção formativa de Adorno em relação à música e sua possível contribuição para a educação musical na atualidade, cujo desenvolvimento se deu em três momentos: um primeiro, de cunho teórico e epistemológico, com base nos escritos de Adorno e Horkheimer sobre educação e sobre música; um segundo momento da pesquisa se deu na observação de ações formativas em educação musical; e, por fim, um terceiro momento do projeto que contemplou planejamento e ações docentes em escola pública no ensino médio com onze turmas, onde foram aplicados questionários de pesquisa junto aos escolares.

Acreditamos que a pesquisa geral alcança os objetivos de melhor compreender possibilidades de produção de conhecimentos teórico-críticos em educação musical, inicialmente denunciando as contradições no contexto social e por fim, procurando interpretar os discursos acadêmicos no contexto da produção científica da educação musical no Brasil. As propostas pedagógicas são consequências do empreendimento teórico e reflexivo desenvolvido nos diversos trabalhos aqui apresentados. Assim, as ações desenvolvidas junto à escolares mostram que a Educação Musical tem muito a ganhar com a *práxis* educativa transformadora baseada nos fundamentos teórico-críticos da sociedade.

Agradecemos ao CNPq/CAPES/MEC pelo apoio financeiro no desenvolvimento do projeto de iniciação científica e ao IFG - Campus Goiânia pelo apoio aos projetos de pesquisa cadastrados na instituição.

Esperamos que os textos aqui apresentados possam ser referências para estudantes, pesquisadores e interessados nas temáticas da Música, Educação Musical, Teoria Crítica, Indústria Cultural, Consumo, Inversão de Valores, Formação Estética, Alienação/Emancipação, Autonomia e Educação Integral.

Eliton Pereira
Organizador

REFERÊNCIAS

PEREIRA, Eliton P. R. Revisão de literatura na pesquisa em educação musical: periódicos, bases de dados e bancos de teses nacionais e internacionais. **Anais do XVI SEMPEM – Seminário Nacional de Pesquisa em Música da UFG**, Goiânia, 2016. Disponível em: <https://mestrado.emac.ufg.br/n/31464-sempem-anais-on-line>

PEREIRA, Eliton P. R. Formação estética musical e indústria cultural: um estudo musicológico abrangente com base na teoria crítica adorniana. **V Simpósio Internacional da UFG de Musicologia e VII Encontro de Musicologia – UFRJ**, Goiânia, 2015. Disponível em: <https://sites.google.com/site/vsimposiomusicologia/caderno-de-resumos>

PEREIRA, Eliton P. R. A prática e a práxis na formação e profissionalização docente: conceitos, discursos e implicações na formação inicial do professorado. **SEMIEDU - Seminário de Educação 2014: Modos de "ler-escrever" em meio à vida - UFMT.** Cuiabá, 2014. Disponível em:<http://sistemas.ufmt.br/ufmt.evento/Site.aspx?conteudoUID=182&eventoUID=59>

PEREIRA, Eliton P. R. Formação continuada de professores de arte em goiás: identidade e profissionalidade docente em questão. **XXI CONFAEB / Congresso Nacional da Federação de Arte/Educadores do Brasil - UFMA/IFMA.** São Luís, 2011. Disponível em: <http://xxiconfaeb.blogspot.com.br>

TEORIA CRÍTICA E SUAS CONTRIBUIÇÕES PARA O DESENVOLVIMENTO DE PESQUISAS EM FORMAÇÃO MUSICAL NA ATUALIDADE[1]

Eliton Pereira

Resumo: Realizamos uma análise das possíveis contribuições da Teoria Crítica da Sociedade para o desenvolvimento de pesquisas que relacionam música, formação e indústria cultural na atualidade. Objetiva-se mostrar a possibilidade de estudos sobre a influência da música na indução de condutas sociais consideradas alienantes, na produção de consumo involuntário e na inversão de valores. Três estudos, em que a música se destaca, são apresentados: 1) Bailes *funk*; 2) Músicas de indução; e 3) Mercado musical religioso. As bases teóricas adornianas permitem compreender com maior clareza o papel da formação musical diante da maciça produção do contexto da indústria cultural.

Palavras-chave: Música, Theodor Adorno, Indústria Cultural, Formação.

INTRODUÇÃO

Com base em pressupostos sociológicos, culturais e musicológicos objetivamos realizar uma análise da relação entre música, cultura urbana contemporânea e indústria cultural. Nesse sentido, cabe compreender a necessidade de fundamentos teóricos de diferentes campos do conhecimento humano – científico e artístico. A perspectiva teórica da sociologia desenvolvida por Theodor Adorno e pelos frankfurtianos contribui para compreendermos as raízes das relações culturais e sociais presentes no contato entre a música e a indústria cultural na atualidade.

Adorno, em seus estudos, desenvolve toda uma revisão epistemológica e metodológica que serve de base para sua crítica da sociedade. Assim, tendo por base a crítica kantiana, a dialética marxiana e os estudos estéticos do campo da produção musical de sua época, Adorno desenvolve uma extensa produção de conhecimento que contribui para compreensão dos processos de alienação presentes na sociedade em relação com a cultura musical. Tal base

[1] Originalmente publicado na revista Cadernos de Educação, Tecnologia e Sociedade, Inhumas, v.9, n.2, p. 295-304, 2016. DOI: http://dx.doi.org/10.14571/cets.v9.n2.295-304

epistemológica permite compreender como a indústria cultural hodierna cunha formação de subjetividades, constituindo novas relações sociais e ainda colocando em risco o próprio sentido da produção artística frente aos valores econômicos que tem suplantando os valores humanos no campo social e cultural.

Deste modo, consideramos a necessidade de um posicionamento frente a esta realidade cultural, de modo que nos colocamos axiologicamente numa perspectiva contra hegemônica, compreendendo por hegemonia os valores e concepções postos pela indústria cultural e pelo neoliberalismo vigente. Assim, Adorno contribui para compreendermos o papel da sociologia numa perspectiva da defesa de valores humanos, uma defesa do posicionamento axiológico do sociólogo, o que está presente em seus textos 'Introdução à Sociologia' (Adorno, 2008, p.175), 'Introdução à Sociologia da Música' (Adorno, 2011, pp.137-161) e 'Experiência e Criação Artística' (Adorno, 2003, p.11), onde é possível compreender essa questão no campo da arte quando o autor afirma que "uma estética axiologicamente neutra é um absurdo".

Nessa perspectiva, além da profundidade com a qual o autor tratou as questões sociológicas, estéticas e musicais ainda podemos nos fazer valer das suas discussões sobre educação, principalmente nos textos publicados na edição 'Educação e Emancipação' (Adorno, 1995, pp. 169-185), 'A educação contra a barbárie' (Adorno, 1995, pp. 155-168) e 'Educação - Para quê?' (Adorno, 1995, pp. 139-154).

Na busca por compreender a atualidade da produção teórica adorniana, tanto do ponto de vista da crítica social – filosófica e axiológica e epistemologicamente orientada, quanto do ponto de vista da busca pela compreensão de suas propostas formativas, desenvolvemos os seguintes questionamentos, que servem para guiar nossas buscas neste campo de conhecimento:

- Como o autor coloca seus fundamentos filosóficos, estéticos, teóricos e epistemológicos de modo a constituir um método científico, um procedimento epistêmico confiável para a construção do saber e do conhecimento no campo da análise crítica da sociedade?

- Quais as suas concepções educativas, formativas, em relação aos pressupostos teóricos e epistemológicos?

- Como Adorno realiza suas análises no campo da música e da sociedade, como se dá para o autor a relação entre essas áreas?

- Como pensar questões e problemáticas atuais da música na sociedade na perspectiva teórica e científica de Adorno?

- Como suas pesquisas podem iluminar novas buscas na atualidade?

• Como pensar o papel da educação musical na atualidade por meio da abordagem teórico-crítica?

Com base nesta problematização inicial, propomos trazer pontos que revelam, ainda que de forma extremamente sintética, a atualidade da teoria crítica adorniana expressa na dialética negativa, na dialética do esclarecimento e em algumas reflexões do autor sobre o papel da educação na efetivação da emancipação. A atualidade da obra do autor pode contribuir de modo original para a produção de conhecimento em educação musical na atualidade.

REFERENCIAIS EPISTEMOLÓGICOS E EDUCATIVOS

As questões acima extrapolam em muito o espaço que por hora dispomos. São questões que servem para colocar as relações entre pesquisa teórica e prática, primordialmente numa perspectiva mais voltada para a exigência de fundamentos, e que se orienta na busca por rigor epistêmico-metodológico, sem perder de vista os limites que a própria razão apresenta.

Nesse sentido, acredita-se que para se pensar alguma possibilidade científica, seja no campo teórico ou empírico, que tenha por base a crítica à sociedade, de modo a mostrar as contradições postas pelo sistema de organização econômica e social vigente, antes, é necessária uma incursão filosófica, epistêmica. Pesquisar as contradições postas no campo da educação, das teorias curriculares vigentes, da didática que hora se coloca nas relações entre professor-aluno-escola-sociedade e ainda questões mais específicas, devem antes passar por uma reflexão de ordem dos fundamentos que esteiam essas relações. Assim, as possibilidades de avanço somente podem ser pensadas pela via do pensamento que se volta para a busca das ordens primeiras.

A dialética negativa, proposta por Adorno, se constitui em um destes fundamentos essenciais, que embasa as discussões críticas desenvolvidas pelo autor em outras obras. A dialética, que desde Sócrates e Hegel, tem sido um instrumento de interpretação e intervenção na realidade, expressa elementos contraditórios que hora se conectam e hora se negam no âmbito do pensamento e da interpretação das múltiplas realidades. Sua base hegeliana indica a superação, a preservação e a conciliação dos contrários.

Para Zuin (Zuin, Pucci e Oliveira, 2008, p. 76) Adorno constrói a expressão "dialética negativa" e a propõe como método para se pensar e agir sobre a consciência reificada, onipresente na realidade social contemporânea reproduzida pelo capitalismo tardio. O próprio Adorno (2009), no prefácio da obra 'Dialética Negativa', explica que a expressão "dialética negativa" subverte a tradição, pois em Platão, "dialética" procura fazer com que algo positivo se estabeleça por meio do pensamento da "negação". Sendo que historicamente, posteriormente a figura de uma negação da negação denominou exatamente isso. O autor, assim, argumenta que gostaria de libertar a dialética desta natureza afirmativa.

Deste modo, a dialética negativa, por sua amplitude e característica de autorreflexão, se constitui em um instrumento teórico de crítica e de intervenção no social. Possibilita, nos dizeres de Zuin (Zuin, Pucci e Oliveira, 2008, p.77), "detectar os registos multidimensionais que desencadeiam os vários níveis de penetração no objeto de análise". O nome "dialética" traz a ideia de que os objetos sobre os quais refletimos são mais que os seus conceitos, pois o conceito não esgota a completude e extensão plena da realidade. É nesse sentido que Adorno denuncia a relação de primazia do objeto sobre o sujeito no processo de busca pelo conhecimento, o chamado segundo giro copernicano.

Zanolla (2007, p. 69) explica que para Adorno e Horkheimer, é a contradição radical do conceito que garante a sua negatividade. A autora coloca de forma clara como podemos compreender essas relações diante do risco da idealização.

> De outra forma o conceito aparece idealizado pela dialética também idealizada. A dominação pelo poder objetivo, nesse caso, é histórica e independe do contexto até o momento. A violência da linguagem como instrumento de dominação denuncia a submissão humana desde os primórdios da civilização.

Assim, para a autora, a discussão em torno do método passa por essa questão referente ao conceito, o que está presente na discussão original de Adorno e Horkheimer. Zanolla ainda explica que o fato dos autores não admitirem qualquer tipo de conciliação conceitual ou metodológica não implica, necessariamente, em abrir mão do método ou do conceito, mas a compreensão destas relações, para os autores, se dá de forma a conceberem a possibilidade de sua própria contradição.

A dialética, para Adorno, nas delimitações do mundo administrado – da sociedade industrial capitalista, só pode se cumprir negativamente. Ela desenvolve a diferença que se processa entre universal e particular, sujeito e objeto. Referente à pesquisa sobre o papel da música na sociedade, Adorno (2011, p.36) exemplifica a dialética do material sonoro, numa perspectiva histórica, sociológica e estética:

Como tem a mesma origem do processo social e como está constantemente penetrado pelos vestígios deste, o que parece puro e simples automovimento do material se desenvolve no mesmo sentido que a sociedade real, mesmo quando essas duas esferas já nada sabem uma da outra e se comportam com recíproca hostilidade. Por isso, a discussão do compositor com o material é também uma discussão com a sociedade (...)

Adorno coloca a dialética no campo do material musical e compreende que há uma constante relação entre o material, sociedade e compositor, pois para o autor o material transmite elementos ao compositor, que assim o transforma enquanto o obedece, de modo a revelar a constituição de uma relação imanente. Por isso, ao falarmos de música, não podemos pensar no material em si desconectado de um processo histórico e sua carga dialética, pois mesmo em obras de arte consideradas de alto padrão de elaboração estética e criativa, comparece e pode se verificar elementos da alienação, em função das relações sociais imanentes. Assim, os estudos que ora vislumbramos no campo da relação música – sociedade – escola, pensando formação estética devem antes considerar as questões colocadas pelos autores que estruturaram e abriram as pesquisas teórico-críticas. A dialética do material, por exemplo, pode revelar como os diferentes gêneros, estilos e propostas estéticas diversificadas contém relações sociais – assim, a conversa se dá no campo da relação entre música e situação social.

Considerando que no campo específico da música, as problemáticas se intensificam na era da sociedade industrial, faz-se necessário um retorno às abordagens críticas presentes nas obras dos frankfurtianos, como por exemplo, podemos citar "A obra de arte na era de sua reprodutibilidade técnica" de Walter Benjamim –, mas para objetivarmos de modo mais direto as problemáticas mais expressivas no campo da relação música e sociedade, lançamos mão da teoria crítica da indústria cultural. Mais especificamente, a obra "Industria cultural – o esclarecimento como mistificação das massas" (Horkheimer e Adorno, 1985, pp.99-138), que se orienta para a compreensão da complexidade econômica, histórica, social e cultural em que estamos imersos. A dialética do esclarecimento é uma denúncia de Horkheimer e Adorno a todo o processo histórico que gerou a estrutura social e científica sob a qual viviam os autores e sob a qual ainda vivemos. Os autores procuram refletir sobre o desenvolvimento da sociedade capitalista industrial e da sua razão primariamente tecnológica e instrumental, de modo que comparece no contexto do desenvolvimento dos mecanismos da indústria cultural o retrocesso em termos de consciência e valores humanos – de modo que o desenvolvimento tecnológico tem se colocado na contramão do caminho da emancipação. Na fala dos autores:

Em uma análise mais ampla das obras de Adorno que refletem, no geral, sob a estrutura social vigente podemos destacar ainda os textos "A indústria cultural" (Adorno, 1993, pp.92-99) e "Capitalismo tardio ou sociedade industrial?" (Adorno, 1993, pp.62-75) onde o autor busca compreender a sociedade capitalista industrial e sua racionalidade tecnológica, assim como o crescente aperfeiçoamento dos mecanismos da Indústria Cultural. Neste contexto teórico, os textos de Adorno e dos demais frankfurtianos revelam a percepção destes estudos sobre o conhecimento, a tecnologia e a arte e sobre questões como o fetiche da mercadoria, o estabelecimento da divisão entre horas de trabalho e lazer, os mecanismos de manipulação dos indivíduos e a falsa democracia.

Esta abordagem crítica, também histórica, econômica e social, integra diversas análises que conduzem os frankfurtianos, e mais especificamente Theodor Adorno, para outras análises, mais peculiares, voltadas para a compreensão sobre o papel da música no processo de industrialização da cultura, manipulação do gosto e das consciências. Destacamos assim, os textos 'O fetichismo na música e a regressão da audição' (Adorno, 1975) e 'Sobre música popular' (Adorno, 1993, pp.115-146), onde Adorno demonstra como se dá, em um contexto bem específico, os processos de análise e compreensão da realidade cultural constituída no seio da sociedade industrial.

Para Duarte (2003) o texto de Adorno 'O fetichismo na música e a regressão da audição' é uma resposta no contexto musical às colocações benjaminianas sobre a reprodutibilidade técnica no contexto dos meios visuais, especialmente no contexto do cinema. Ambos os textos de Adorno são frutos da sua participação no *Princeton Radio Research Project*, nos quais o autor apresenta análises e reflexões críticas acerca dos fenômenos musicais das emissoras radiofônicas norte-americanas. Nestes textos sobre música, Adorno apresenta vários aspectos da construção de pressupostos teóricos que estão ligados à crítica da indústria cultural. Neles, Adorno identifica dois fenômenos diferentes, mas relacionados, os quais são os lados objetivo e subjetivo do mesmo processo; no campo subjetivo o autor trata o fetichismo da linguagem sonora dada pelos monopólios culturais e no campo objetivo relaciona estrutura musical – diferenciando música séria de música 'leve', de modo a estabelecer interpretações de sentidos relacionados com a estrutura social. No texto sobre música popular, podemos perceber uma série de procedimentos de análise musical, que se dá no campo técnico e estrutural da música em si, mas também no campo da interpretação hermenêutica – na busca por sentidos e significados mais profundos dos fenômenos sonoros, historicamente e socialmente contextualizados.

Adorno leva em consideração, as duas esferas da música – diferenciando música séria (histórica) da música *hit,* esta última basicamente caracterizada por sua produção industrial e utilização no contexto dos veículos de comunicação de massa mais presentes em sua época – o rádio e a televisão.

Para demonstrar as intenções sociais e os mecanismos de alienação latentes nas elaborações musicais midiáticas de sua época, Adorno destrincha as características de 'estandardização' dessas obras, cuja análise estrutural se desenvolve também na parte sobre 'A apresentação do material' (Adorno, 1993, pp.115-146). Para realizar uma interpretação dos impactos e relações dessas características musicais no campo social e individual, Adorno traz conceitos da psicanálise para ampliar e configurar sua interpretação. Para o autor, a estandardização musical é a pseudo-individuação, onde os indivíduos são mantidos "enquadrados, fazendo-os esquecer que o que eles escutam seja sempre escutado por eles, *pré-digerido*" (Adorno, 1993, p.123).

Neste contexto, outra reflexão que pode embasar primariamente muitas análises ainda a serem propostas na atualidade, é a sua 'Teoria do Ouvinte', onde Adorno expõe as características do 'Reconhecimento e da Aceitação', relacionando ambos fenômenos, de forma que a efetivação do efeito da aceitação cultural de uma determinada música parece ser fortemente caracterizada por causa do reconhecimento que se faz desta, mediante a repetição contínua dos *hits* impostos aos ouvintes.

Desta forma, o ouvinte contemporâneo parece ser levado cada vez mais a não diferenciar a música séria da música de entretenimento, pois o seu modo de se colocar diante do fenômeno sonoro passa por uma construção que orienta, tanto o modo de escuta, até mesmos aspectos subjetivos relacionados às reações esperadas. Para Duarte (2003, p.32) essa indiferenciação entre música séria e de entretenimento se dá por meio da transformação de ambas em mercadoria. Nesse sentido, nas palavras de Duarte:

> Mediante a consideração desses fenômenos musicais mais acessíveis como mercadoria, surge uma contribuição essencial para a elaboração posterior da crítica à indústria cultural, a saber, a recolocação do conceito marxiano de fetichismo no sentido de compreender sua especificidade no tocante às mercadorias culturais.

Para Duarte, essa compreensão é fundamental para a construção da crítica presente na 'Dialética do esclarecimento', de forma que os elementos trazidos por Adorno relacionam música e mercadoria com fetichismo e mercadoria cultural facilmente digerível. Assim, o destaque que podemos fazer, em termos de encontrar a profundidade maior destas reflexões, pode se dar na "regressão da audição", ou seja, na reificação da esfera da cultura no capitalismo tardio, onde a consciência das massas ouvintes é adequada à música fetichizada. Assim, o grande público fica incapaz de avaliar aquilo que ouve, não importando a origem do fenômeno, dada a formatação da sua escuta, do seu comportamento e da sua consciência. Assim, podemos compreender como o ato de escutar tem sido pré-formatado e impedido de se desenvolver no campo da formação o que podemos chamar de emancipação da escuta, o que seria possível somente por meio de uma apreciação musical crítica.

Na busca por estabelecer essas relações é necessário ainda lançar mão de algumas propostas de Theodor Adorno no campo da formação humana. Temos por base alguns dos seus escritos sobre educação nos textos 'Educação e Emancipação', 'A educação contra a barbárie' e 'Educação - Para quê?', todas compiladas na publicação brasileira intitulada 'Educação e Emancipação (Adorno, 1995). O que podemos destacar inicialmente nestas entrevistas cedidas pelo autor é a sua preocupação em não idealizar suposições ou querer induzir processos formativos, escolher caminhos para outros. Dentre suas várias conversas transcritas esta, de 16 de julho de 1969, foi a última de uma série de entrevistas concedidas na sede da rádio de Frankfurt. No prefácio desta obra Gerd Kadelbach expõe o que pode ser um dos pontos aos quais devemos nos ater, se quisermos compreender o posicionamento de Adorno em relação à esta temática. O prefácio traz uma citação da dialética negativa onde Adorno afirma que *"quem defende a manutenção da cultura radicalmente culpada e medíocre, converte-se em cúmplice, enquanto aquele que recusa a cultura, promove imediatamente a barbárie que a cultura revelou ser"* (Adorno, 1995, p. 9).

Assim, o ponto de equilíbrio entre afirmar e negar a cultura parece ser uma busca com a qual devemos lidar no campo da educação mais precisamente. Manter essa tensão que medeia as relações se constitui na força de um posicionamento mais consciente, mais equilibrado, que se identifica com uma educação voltada para a emancipação.

Ao relacionar este posicionamento com as problemáticas sociais que envolvem o campo da música na atualidade, tendo ainda por base que as práticas educativas nesta área no Brasil, ainda escassas e inconsistentes – com base principalmente na visão tecnicista que predomina no ensino de música presente em poucas escolas públicas e privadas; nossa preocupação passa se direcionar para a relação entre o perigo da total inconsciência dos problemas sociais em destaque, contrapostos aqui com uma abordagem de educação musical voltada somente para o ensino de instrumento musical ou canto.

A partir das contribuições adornianas fica evidente que o ensino do canto ou de um instrumento musical, considerado erudito ou popular, não garante uma educação musical completa – de modo que identificamos uma clara relação com o que Adorno chama de semiformação no texto sobre a teoria da semicultura (Adorno, 1996). Nesse sentido, acredita-se que na busca por fundamentos primeiros, por elementos estruturantes no campo da educação, merece destaque a abordagem que o autor faz sobre o tema no texto 'Educação - para quê?'. Neste texto, Adorno (1995) lembra que houve um tempo em que esses conceitos fundantes eram essenciais; o que nos leva a questionar não somente para que serve a educação em música, mas: Como pensar processos mais humanizadores no campo da formação musical? Para onde a educação musical deve conduzir? (Adorno, 1995, p. 139).

Assim pensando, Adorno (1995, p. 141) contrapõe a formação para a heteronomia com aquela voltada para a autonomia. Fala do homem autônomo, emancipado, conforme a *"formulação definida por Kant na exigência de que os homens tenham que se libertar de sua auto-inculpável menoridade"*. O autor continua expondo as bases do seu conceito de educação desvinculando-o da modelagem de pessoas ou da simples transmissão de conhecimentos, mas na busca por uma consciência verdadeira – vinculada à uma consciência política, democrática – ética.

Deste modo, acredita-se que os ideários e as abordagens adornianas podem em muito contribuir com uma nova perspectiva formativa em música, em arte, na atualidade. Adorno (1995, p. 183) afirma que

> (...) a única concretização efetiva da emancipação consiste em que aquelas poucas pessoas interessadas nesta direção orientem toda sua energia para que a educação seja uma educação para a contradição e para a resistência.

Adorno defende a busca por imunizar os estudantes contra as falsidades presentes nos filmes comerciais, nas músicas alegres e nas revistas ilustradas, onde a aparência de um mundo perfeito se contrapõe à realidade com a qual convivemos na sociedade. Cita ainda a possibilidade de que um professor de música, proceda, juntamente com os jovens, a análises críticas de sucessos musicais, mostrando por que um *hit* da parada de sucesso é tão incomparavelmente pior do que um quarteto de Mozart ou Beethoven ou em relação à uma peça musical verdadeiramente autêntica. Assim, o autor nos coloca no lugar possível do despertar da consciência no esforço da busca pela emancipação do homem, seja no campo social, educacional ou da criação e fazer artístico.

Na busca por fazer um paralelo das abordagens teóricas que aqui apresentamos com a realidade vigente, e ainda na perspectiva de compreender nosso atual contexto social e cultural com vistas a superação de contradições no campo educacional, propomos apresentar alguns exemplos de temáticas com as quais trabalhamos no contexto da pesquisa acadêmica, cujas análises e empreendimentos demandam tempo e estrutura organizacional e ainda estudo sistemático dos fundamentos que aqui apresentamos, tendo por base a compreensão da teoria crítica da sociedade.

O DESENVOLVIMENTO DE PESQUISAS

Trazemos algumas temáticas que demonstram, de modo preliminar, a possibilidade de estudos sobre a influência da música na indução de condutas sociais consideradas violentas, bárbaras e alienantes, como na produção de consumo involuntário e inversão de valores. Três possibilidades de estudos em que a música comparece como veículo físico, psicológico e cultural, são analisados: 1) Os bailes *funk*; 2) Músicas de indução ao consumo e a comportamentos involuntários; e 3) Mercado musical religioso.

A temática do *funk*, enquanto produção cultural e musical, é bem controversa, no entanto a crítica não se dá sobre a estrutura rítmica ou sobre a 'pobreza melódica' em si; mas sobre as questões sociais eminentes que envolvem de forma ambivalente e contraditória: prazer versus violência e alienação. Com base nas análises empreendidas por Adorno podemos compreender melhor como se dão as relações entre música – sociedade – comportamento e subjetividade. Algumas constatações realizadas pela própria mídia denunciam, ainda que de forma incongruente, situações de violência e extrema alienação nos contextos dos bailes *funk*. Algumas notícias, presentes na *web* podem ser facilmente acessadas[2].

---

[2] Noticiários acessados em maio de 2015:

- 347 Meninas Gravidas em Baile *Funk*.
<http://festmegaproduesfesta.blogspot.com.br/2015/03/347-meninas-gravidas-em-baile-funk.html>

- Rio: "Grávidas do *funk*" preocupam prefeitura - Secretaria da Saúde denuncia casos de meninas que afirmam ter engravidado depois de manter relação sexual em bailes.
<www1.folha.uol.com.br/fsp/cotidian/ff0903200127.htm>

- Polícia fecha mais um baile *funk* em operação Pancadão em SP - Mais de 40 adolescentes foram apreendidos e levados para a delegacia. Os jovens se reuniam para usar drogas e até fazer sexo.
<http://noticias.r7.com/record-news/video/policia-fecha-mais-um-baile-funk-em-operacao-pancadao-em-sp-4f2678b0b51a2654f0b8137e/>

Disponibilizamos aqui um pequeno levantamento das manchetes, com destaque para casos de sexo sem proteção, gravidez indesejada de adolescentes menores de idade, uso de drogas e aliciamento para o tráfico. Os títulos das reportagens são:

- 3.400 meninas Gravidas em Bailes *Funk*;

- Rio: "Grávidas do *funk*" preocupam prefeitura - Secretaria da Saúde denuncia casos de meninas que afirmam ter engravidado depois de manter relação sexual em bailes;

- Polícia fecha mais um baile *funk* - Mais de 40 se reuniam para usar drogas e até fazer sexo;

- *Funk* ostentação é a isca para menores ingressarem no tráfico de drogas em Florianópolis;

Longe da limitação de um discurso moralista, compreendemos claramente que aspectos da consciência e dos valores humanos são fortemente desprezados neste contexto musical-social. Trata-se de um fenômeno merecedor de análise, estudo e reflexão, pois as questões envolvidas vão além do debate sobre saúde pública ou comportamentos antissociais ou considerados inadequados, as questões podem ser colocadas no campo dos valores e dos objetivos e funções da arte em relação ao seu uso e propósito no contexto coletivo, para onde essa arte está conduzindo.

Outro exemplo que podemos citar, em relação à forma de uso dos fenômenos musicais em processos de alienação, é na prática da indução ao consumo por meio dos efeitos psicológicos e físicos que a música pode proporcionar. Isso pode ser constatado pelo uso que se faz da música em muitos espaços comerciais: shopping centers, lojas, supermercados e restaurantes. Nesses espaços, a música é escolhida de forma consciente com uma intenção específica na escolha de determinado repertório, determinado estilo e ritmo. Nos estabelecimentos que se utilizam dessa prática, o comportamento dos clientes acaba por ser estimulado por músicas que provocam sensações ilusórias, por estímulos que induzem hora para a calma, hora para a pressa – diminuindo ou acelerando os batimentos cardíacos dos ouvintes por meio do uso de diferentes ritmos e sons, influenciando no seu comportamento de modo involuntário e subliminar.

- *Funk* ostentação é a isca para menores ingressarem no tráfico de drogas em Florianópolis. <http://ndonline.com.br/florianopolis/noticias/115638-funk-ostentacao-e-a-isca-para-menores-ingressarem-no-trafico-de-drogas-em-florianopolis.html>

Estudos específicos (Carvalho, 2001; Ferreira, 2007; Marcelino, 2011) tem demonstrado que empresas estão se especializando em compreender o comportamento do consumidor em relação à escuta de determinadas músicas, assim o ouvinte compra sem saber que estava sendo estimulado inconscientemente por determinado aparato – agora, não somente o visual, a imagem ilusória, mas também o auditivo – vinculado à promessa de uma felicidade conquistada por meio da aquisição daquela mercadoria ali disponível. Este é um exemplar da influência da indústria cultural no hábito do consumo, onde deve haver, no campo formativo, um trabalho de conscientização em relação a esse comportamento e consciência alterados.

Outro exemplo que podemos ainda citar, agora vinculado à inversão de valores no campo da cultura e da religião, são as mudanças ocorridas na produção, marketing e vendagem das músicas religiosas cristãs, o que também é possível de se verificar por meio de noticiários da *web*[3]. O chamado mercado gospel, por exemplo, tem subvertido valores e dogmas considerados milenares no campo do cristianismo.

Antes vista como uma prática específica dos cultos das igrejas cristãs, a música religiosa conhecida popularmente como música sacra está num caminho bem distinto daquelas registradas em partituras tradicionais – nos chamados hinários de cânticos eclesiásticos. Como mostra Martinoff (2010) esse novo gênero musical religioso tem se caracterizado pela junção de ritmos *pop* com letras da temática cristã que utiliza uma linguagem presente na hinologia tradicional. Essa nova tendência da indústria musical utiliza o processo de gravação, produção, distribuição, divulgação e vendagem, de modo que tende a suplantar elementos próprios dos posicionamentos religiosos e impor modelos estandardizados aos fiéis, que no caso, seguem a moda da vez, assim como ocorre na escuta secular do rádio, da televisão e das mídias eletrônicas em geral.

Sendo assim, verifica-se a necessidade de se refletir sobre um contexto no qual muitos músicos e educadores musicais têm atuado, quer seja em performance musical, nos cultos litúrgicos ou cerimônias formais, quer seja como professores de música, instrumento ou canto, nas equipes musicais – de maneira que os educadores musicais que atuam neste contexto possam contribuir

---

[3] Noticiários acessados em maio de 2015:

- Música Gospel: uma nova tendência da indústria musical.
<http://blogcurtirumsom.blogspot.com.br/2013/05/musica-gospel-uma-nova-tendencia-da.html≥
- Música gospel: trinados, fé e dinheiro.
<http://veja.abril.com.br/noticia/entretenimento/musica-gospel-trinados-fe-e-dinheiro/≥

com aspectos não apenas especificamente técnicos e musicais, mas também formativos.

Essas temáticas aqui exemplificadas são abrangentes e podem envolver possibilidades de buscas de propostas formativas voltadas para o desenvolvimento de consciências mais autônomas e posturas de resistência frente a todo o emaranhado cultural imposto ao sujeito na contemporaneidade.

Urge a necessidade do desenvolvimento de pesquisas que busquem compreender as contribuições das concepções formativas, estéticas, musicais e sociológicas teórico-críticas para a pesquisa em educação musical na atualidade. Estas pesquisas devem partir do questionamento sobre como a teoria crítica, na perspectiva adorniana, concebe e produz conhecimento. A partir desta base, tais pesquisas poderiam propor consequentemente: 1) Sistematizar teoricamente as bases e os fundamentos epistemológicos, sociológicos e estéticos da teoria crítica na perspectiva adorniana; 2) Estudar a concepção formativa adorniana em relação à música, com vistas a fundamentar a pesquisa em educação musical levando em consideração aspectos musicais e socioculturais; 3) Pesquisar as relações entre música, cultura e educação com foco em temáticas e categorias teórico-críticas, como: formação estética, resistência, emancipação, indústria cultural, violência, consumo, inversão de valores e alienação; 4) Desenvolver e fomentar ações formativas junto a professores e estudantes da rede pública de educação com vistas a configuração de novos arranjos sociais e culturais.

Desde os primeiros escritos frankfurtianos e adornianos que analisam situações sociais com olhares dialéticos (Horkheimer e Adorno, 1985), até pesquisas críticas e dialéticas mais atuais (Zanolla, 2010, 2013; Duarte, 2003), verifica-se uma preocupação acerca das apropriações filosóficas e estéticas voltadas para a compreensão de contextos culturais e sociais que envolvem situações de mediação e ensino-aprendizagem. Deste modo, as pesquisas em educação musical, nesta perspectiva teórico-crítica, partiriam da hipótese de que os estudos desenvolvidos por Theodor Adorno (1995, 2008, 2011) podem iluminar muitas situações atuais no que diz respeito ao ensino de música em relação ao contexto formativo e demais contextos de atuação do educador musical.

Estudos desenvolvidos nesta perspectiva exigem procedimentos distintos. Inicialmente se faz necessário um estudo de revisão da produção teórica e metodológica – na leitura e análise das produções escritas, livros em português, artigos relacionados, e em teses e dissertações produzidas no Brasil com estas temáticas. Após esta fase inicial, e de modo paralelo, é necessário empreender estudos documentais, de cunho analítico e interpretativo, em noticiários e em obras de arte – principalmente obras musicais pesquisadas juntas aos contextos educativos com os quais é possível contato. Por fim, seria proposto como desafio para os estudos neste campo, o desenvolvimento de uma série de pesquisas empíricas de cunho exploratório – realizadas no contexto educacional por meio de observações diretas de situações culturais/formativas – por meio da aplicação de questionários, emprego de entrevistas, organização de grupos focais com docentes e escolares, e, ainda observação participante do contexto educativo musical – via ações culturais a serem empreendidas por meio de oficinas de música e apresentações musicais dentro e fora das escolas públicas/privadas, em contextos formais e não formais de ensino – desde que haja toda uma preocupação e investimento num trabalho educativo, na busca pela ampliação do acesso à outras formas culturais, diferentes daquelas impostas pela mídia, pela indústria cultural vigente.

CONSIDERAÇÕES FINAIS

Como resultado é possível o desenvolvimento uma produção de conhecimento teórico-filosófico-estético-metodológico, que serve para o aprofundamento formativo dos estudantes dos cursos de graduação em música, pedagogia e licenciatura em música no contexto do desenvolvimento de pesquisas teóricas e empíricas em educação e educação musical. Estas propostas ainda podem dar suporte à construção de pesquisas de conclusão de curso, pesquisas vinculadas ao estágio curricular e demais contextos, ampliando a participação dos estudantes em grupos de estudos desenvolvidos de forma paralela e emprego de pesquisas teóricas e empíricas. Acredita-se que o avanço e aprofundamento para pesquisas de pós-graduação nesta área também é necessário.

Este leque de possibilidades de produção de conhecimento pode compor o processo formativo de educadores relacionados ao ensino de música. Essas produções ao serem rigorosamente fundamentadas, devida à estruturação e ao posicionamento axiológico, científico e metodológico perscrutado pelos fundamentos teórico-críticos, traz confiabilidade e cientificidade aos estudos empreendidos no contexto da sociologia da música, na crítica cultural, e nas pesquisas que relacionam música e educação.

REFERÊNCIAS

ADORNO, T. Sobre música popular. In: Cohn, G. (org.) **Sociologia**. São Paulo: Ática, 1993, pp. 115-146.

________. A indústria cultural. In: Cohn, G. (org.) **Sociologia**. São Paulo: Ática, 1993, pp.92-99.

________. Capitalismo tardio ou sociedade industrial? In: Cohn, G. (org.) **Sociologia**. São Paulo: Ática, 1993, pp.62-75.

________. **Educação e Emancipação**. Rio de Janeiro: Paz e Terra, 1995.

________. **Dialética negativa**. Rio de Janeiro: Zahar, 2009.

________. **Introdução à sociologia**. São Paulo: Editora Unesp, 2008.

________. **Introdução à sociologia da música**: doze preleções teóricas. São Paulo: Editora Unesp, 2011.

________. **Experiência e criação artística**. Lisboa: Edições 70 Ltda, 2003.

________. **Filosofia da nova música**. São Paulo: Perspectiva, 2011.

________. O fetichismo na música e a regressão da audição. In: ADORNO, Theodor W., et al. **Textos Escolhidos**. São Paulo: Abril Cultural, 1975.

________. Teoria da Semicultura. Tradução de Newton Ramos-de-Oliveira, Bruno Pucci e Cláudia B. M. de Abreu. In: **Educação e Sociedade**: revista quadrimestral de ciência da educação, ano XVII, n° 56, Campinas: Editora Papirus, dez/ 1996: 388-411.

CARVALHO, J. de, et. al. Do Zen ao Techno: As tribos de consumidores e as músicas nos cenários de serviços - publicado nos **Anais do XXV Encontro Nacional da ANPAD –** Campinas, setembro 2001.

DUARTE, Rodrigo. **Teoria crítica a indústria cultural**. Belo Horizonte: Editora UFMG, 2003.

FERREIRA, D. C. S. **Efeitos de música ambiente sobre o comportamento do consumidor**: análise comportamental do cenário de consumo. 120f. Tese (Instituto de Psicologia) – Universidade de Brasília, Brasília. 2007.

HORKHEIMER, M. & ADORNO, T. W. **Dialética do esclarecimento**. Rio de Janeiro: Zahar, 1985.

MARCELINO, D. et al. A influência da música ambiente no comportamento de aproximação e afastamento do consumidor: um estudo baseado no modelo PAD. Perspectivas Contemporâneas. **Revista Grupo integrado**, Campo Mourão, v. 6, n. 1, 2011.

MARTINOFF, Eliane Hilário da Silva. "A música evangélica na atualidade: algumas reflexões sobre a relação entre religião, mídia e sociedade". In: **Revista da ABEM**, V. 23. Porto Alegre. Março. 2010 p. 67-74.

SCHAFER, Murray. **A afinação do mundo**: uma exploração pioneira pela história passada e pelo atual estado do mais negligenciado aspecto do nosso ambiente: a paisagem sonora. Tradução: Marisa T. Fonterrada. 2ª ed. São Paulo, Editora Unesp: 2001.

ZANOLLA, S. R. S. **Teoria crítica e epistemologia: o método como conhecimento preliminar**. Goiânia: PUC-GO, 2007.

________. Educação e Barbárie: aspectos culturais da violência na perspectiva da teoria crítica da sociedade. **Sociedade e Cultura.** Goiânia: UFG, v.13, Nº 1, jul/ago, 2010, p. 1415-1439.

________(org.). Educação Artística e Formação Musical em Adorno. In: ZANOLLA, S. R. S. **Arte, Estética e Formação Humana:** possibilidades e críticas. Campinas – SP: Alínea, 2013.

ZUIN, Antonio A. Soares, PUCCI, Bruno e OLIVEIRA, Newton Ramos de. **Adorno: O poder educativo do pensamento crítico**. Petrópolis, RJ: Vozes, 2008.

EDUCAÇÃO MUSICAL E CULTURA DO CONSUMO: REFLEXÕES FORMATIVAS À LUZ DA TEORIA CRÍTICA

André Bernardes Pereira

&

Eliton Pereira

Resumo: Este trabalho aborda teorias de resistência à influência da indústria cultural e a busca pela formação do sujeito, em consonância aos ideários de uma sociedade livre e autônoma. Baseamo-nos em estudos de Theodor Adorno e em outros autores da Teoria Crítica, que complementam a proposta de compreender a relação entre música e consumo. Foi realizada uma pesquisa, com estudantes e professores de música do Instituto Federal de Goiás, para demonstrar pontos relativos ao consumo, formação humana e importância de conhecimentos técnicos e humanísticos nas aulas de música. Essa pesquisa foi embasada nas seguintes categorias: consumo, alienação, proposta de resistência à indústria cultural e formação do educador musical. Assim, procuramos compreender como Adorno contribui para pensarmos uma educação musical crítica e reflexiva frente ao consumo e alienação.

Palavras-chave: Consumo, Alienação, Indústria cultural, Emancipação.

INTRODUÇÃO

Este trabalho foi desenvolvido com o intuito de abordar teorias que resistem à influência da indústria cultural e propiciem a formação do sujeito em consonância aos ideários de uma sociedade mais livre e autônoma. Baseamo-nos em estudos de Theodor Adorno e em outros autores da Teoria Crítica que complementam nossa proposta de compreender a relação entre música e consumo. Também realizamos uma pesquisa com estudantes de música e professores de música.

A formação humana, abordada através do viés formativo adorniano, fomenta a busca da conscientização e resistência à indústria cultural e às estratégias de *marketing* que estimulam o consumo. Comportamentos, sensações de prazer e emoções são manipulados através da música, para influenciar o indivíduo nas suas intenções de compra ou para despertar o desejo. Essa manipulação, segundo Adorno (1995) pode gerar danos à consciência devido à *intentio recta*, que é a ingenuidade do sujeito em relação ao objeto. No entanto, essa ingenuidade, consequência da submissão aos ideários dominantes, poderá ser combatida por meios de conhecimentos que proporcionam a emancipação, autonomia e capacidade de reflexão do indivíduo.

Atualmente a música é usada em muitos espaços comerciais: *shopping centers*, lojas independentes, supermercados, restaurantes e até mesmo em consultórios odontológicos. Destarte, se faz necessário compreender a forma como as pessoas reagem a essas músicas, como os comerciantes escolhem seus repertórios musicais e o que eles esperam em termos de reações dos clientes que frequentam esses espaços. A música nesses espaços parece ser escolhida de forma consciente. Pode haver também uma intenção específica por trás da escolha de determinado repertório, determinado estilo e ritmo. O comportamento dos clientes também acaba por ser estimulado por músicas que provocam sensações prazerosas ou estimulantes.

Acredita-se que esta realidade se apresenta para os estudiosos da música e da educação, educadores musicais, sociólogos e músicos como um campo aberto para pesquisa e reflexão. Neste sentido é conhecida a influência da indústria cultural no hábito do consumo, e assim, é fundamental haver um trabalho de conscientização em relação a esse hábito, partindo do enfoque da importância do educador musical. Conforme nos explica Zanolla (2013) é importante refletir, com base em Theodor Adorno, a relação entre arte, música, educação e formação na perspectiva da teoria crítica da sociedade.

O processo educativo se sujeita aos interesses capitalistas. Nesse sentido, este trabalho apresentará teorias que se contrapõe a esses interesses, objetivando a formação humana do sujeito, não apenas conteudista ou tecnicista. Para que se tenha uma consciência não alienada, é necessária a não ingenuidade perante a arte enquanto atividade de labor, de acordo com Zanolla (2013) e para que a consciência estética não deixe regular as suas experiências pelos critérios culturais vigentes, mas seja capaz de preservar a força da reação espontânea, conforme Adorno (2003).

O indivíduo, quando ausente a capacidade crítica, se sujeita aos interesses da indústria cultural. Partindo desse pressuposto, trabalharemos o papel do educador musical frente a isso, de forma a conscientizar alunos e professores em relação ao caráter alienador da indústria cultural. Adorno, em a Dialética do Esclarecimento (1985), demonstra como a indústria cultural é a principal responsável por desservir a capacidade humana de agir com autonomia. O corolário disso é a deformação da consciência.

O educador musical exerce influência sobre seus alunos, sendo assim, ele tem um papel fundamental no desenvolvimento de processos relacionados à reflexão e conscientização. Adorno (1994), não deixa de fora as análises e relação entre trabalho, indivíduo e sociedade, ao elaborar concepções referentes à arte e à educação. Neste sentido, Zanolla (2013) afirma o nexo existente entre arte, educação, formação, política e cultura, sendo esses fatores importantes na formação do educador musical e, ainda como eles educarão seus alunos.

O objetivo geral desta pesquisa é compreender como Adorno contribui para pensarmos uma educação musical crítica e reflexiva frente ao consumo e alienação. Ainda temos os seguintes objetivos específicos, que de algum modo foram contemplados neste trabalho: Realizar pesquisa teórica conceitual em textos específicos de Adorno que abordam a relação música, sociedade e educação; Compreender, a partir dos textos do filósofo, a educação musical crítica; Identificar a diferenciação entre trabalho e arte, propondo uma reflexão que extrapole a formação técnica musical; Compreender como a educação tem se afastado do objetivo de buscar a autonomia; Analisar o perfil do consumidor e sua relação com o ambiente e a música; Propor, através de Adorno, aspectos de um processo educativo musical que constitua uma resistência à instalação e culto da massificação.

O trabalho divide-se em três partes. Inicialmente verificaremos como a música é utilizada para incentivar e induzir o consumo. Serão verificadas as estratégias de *marketing* para influenciar o consumidor. No tópico seguinte, discorreremos sobre a música e alienação, focando em Theodor Adorno. Ainda no primeiro item, também será proposta a conscientização e resistência às imposições da mercantilização da educação e influências das classes dominantes, focando-se na formação do educador musical. Procuramos demonstrar nossas constatações e proposições tendo por base as teorias apresentadas por Adorno, Kant e Zanolla. Alguns estudiosos do campo do *marketing* também serviram para embasar nosso trabalho.

Procuramos compor este trabalho também com uma pesquisa com alguns alunos do curso de Licenciatura em Educação Musical, alguns estudantes de música e professores de música. Vários destes sujeitos já atuam profissionalmente como músicos e no ensino de música. Aplicou-se um questionário a esse público. As questões propostas serão analisadas tendo por base as categorias teóricas apresentadas e as proposições feitas.

Por fim, propôs-se a relação das teorias estudadas, objetivos, com a atuação dos futuros docentes na atividade profissional, concepção de consumo e expectativas relacionadas à importância da consciência crítica e autonomia.

1 FUNDAMENTAÇÃO TEÓRICA

A seguir faz-se uma revisão teórica sobre pontos relevantes de alguns temas relacionados a esta pesquisa, tais como: consumo e indução, *marketing* e os sentidos, música ambiente; posteriormente abordaremos música e alienação baseado em Theodor Adorno, educação e emancipação e educação para resistência. Através destas pesquisas fundamentaremos a hipótese que defendemos neste trabalho.

1.1 CONSUMO E INDUÇÃO

A música vem despertando diversificados interesses no campo do *marketing* para sua utilização nas estratégias de indução ao consumo. Conforme Holbrook e Hirschman (1982), o consumidor busca diferentes experiências, que traspassam a procura ou aquisição do produto e cunha suas atitudes e julgamentos. A busca por experiências simbólicas, sentimentais, sensitivas e excitações sensoriais-emocionais é um escape para as emoções e fantasias, criando-se uma atmosfera de experiência de consumo.

Através desses enfoques, tem-se desenvolvidos trabalhos que visam compreender o comportamento do consumidor e dos aspectos que podem influenciá-lo no consumo. A percepção do indivíduo é afeita as peculiaridades do cenário e submetida a estímulos que alteram sua intenção e interação, no interior da loja.

Para Gupta, Govindarajan e Malhotra (1999), a experiência é constatada quando o consumidor tem qualquer tipo de sensação ou conhecimento derivado da interação com os diferentes atributos na atmosfera de um estabelecimento. Diversos pesquisadores, entre eles: Richins (1997) e Malhotra (2001), buscam mensurar através de escalas e modelos as experiências de consumo. Através dessa mensuração, desenvolve-se um ambiente contextualizado que influenciará no comportamento do consumidor. Além do ambiente físico e decoração, a música será um dos itens que propiciará a experiência do indivíduo, ativando aspectos hedônicos.

A música é um dos estímulos ambientais que mais influencia os consumidores em um estabelecimento comercial, induzindo-o a uma sensação de conforto e gerando significados simbólicos, conforme Holbrook (1998), Herrington e Capella (1996). A forma como o consumidor comporta, em diversas situações, é conhecida anteriormente, e o aplauso à racionalidade é superada por alterações e associações ligadas à emoção, provocados pelos estímulos musicais.

A experiência do consumidor o conduz, através da percepção, a fatos anteriormente vivenciados e pelos traços de humor e personalidade, podendo aproxima-los ou afastá-los de um ambiente. O processo da percepção tem três estágios (Sheth, Mittal, Newman, 2008): sensação, organização e interpretação.

No estágio da sensação, contempla-se o ambiente evidenciando-se um ou mais sentidos: audição, visão, olfato, tato e paladar. No estágio da organização, classificam-se em categorias os estímulos percebidos e estes são similares a outros armazenados na memória do indivíduo. Ao adicionar um significado a um estímulo, desenvolvendo-se uma regra para o valor desenvolvido pelo indivíduo em relação ao objeto tem-se o estágio da interpretação.

O ambiente criado em uma loja afeta o comportamento do indivíduo. Ao estimular os cinco sentidos cria-se uma experiência confortável ao consumidor, aumentando consequentemente o número de vendas (Underhill, 1999; Darpy e Volle, 2003). Os estímulos tem sido objeto de estudos por influenciarem e se tornarem distintivos competitivos para os profissionais do *marketing*, conforme Baker (1992) e Daucé (2004).

Os aspectos da experiência do consumo necessitam da atmosfera da loja ou do estabelecimento para se desenvolverem. Segundo Kotler (1973), o termo atmosfera refere-se a um espaço que tem a eficácia de produzir diversos efeitos comportamentais sobre o consumidor. A aproximação do consumidor e sua disposição a consumir são influenciadas por essa atmosfera, que cria ambientes favoráveis à influência comportamental e emocional. Essa influência causada pelo ambiente de compra permite a modelagem do consumidor (Blackwell, Miniard, Engel, 2001) e entorpece suas percepções.

Os consumidores são influenciados pelo *marketing* não só com produtos, mas com experiências e vivências, sendo essencial a participação, agindo ativamente nas suas reações (COVA, 1996). Oferece-se ambientes agradáveis nos quais empregados e consumidores possam movimentar-se e sentir-se bem (Bitner, 1992; Wilkie e Moore, 1999).

Segundo Beatty e Ferrell (1998), as emoções são compostas por vários sentimentos, positivas ou negativas. A música, sendo um dos aspectos que contribuem para o estado emocional do indivíduo, favorece o envolvimento e gera a necessidade emergencial de consumo.

A música reproduzida no ambiente de lojas pode alterar os comportamentos dos indivíduos, influenciando no tempo de permanência, movimentação e volume de vendas, segundo diversos autores (Richard, Spangenberg, 1990; Baker, Grewal, Levy, 1992).

As músicas compõem-se de três elementos primários, segundo Bruner (1990): dimensões emocionais, físicas (intensidade, tom, ritmo, timbre) e relacionadas à preferência do indivíduo. Esses elementos são manipulados de forma a não implicar a rejeição do ouvinte. As dimensões emocionais e de preferências são mais subjetivas, portanto as expectativas dos clientes nem sempre são cumpridas. Procura-se alterar ou influenciar, através da música, o comportamento do cliente, alterando seu estado de humor e a forma de movimentação na loja. O cliente terá um tipo de comportamento diferente para cada tipo de música, portanto deve-se considerar o tipo de estabelecimento, o público, horário e objetivo.

Milliman (1982) fez um estudo em supermercados e constatou que os consumidores reagiam de formas diferentes à música rápida e lenta, sendo que na lenta os consumidores aumentavam o volume de compras, pois os compradores caminhavam mais devagar e escolhiam mais produtos.

Os estabelecimentos têm suas especificidades, alguns têm como características a movimentação rápida como nos restaurantes, e em outros os clientes passam mais tempo, como em uma livraria. Redes de *fast-food* não utilizam músicas lentas, pois sua especificidade é a velocidade, quanto mais rápido o cliente adquirir o produto e sair, mais vantajoso será. Lojas que vendem produtos de preços mais elevados e livrarias tendem a tocar músicas mais lentas ou clássicas, pois segundo Mowen e Minor (2003) os clientes são propensos a escolher os produtos de forma mais seletiva e até a aumentar os valores gastos.

As lojas utilizam músicas com a intenção de reter a atenção do cliente, proporcionar-lhe sensação de conforto, modificar as emoções. Estas reações, que modificam a intenção do indivíduo, levam o cliente a adquirir algum produto ou vão além da sua intenção ou objetivo inicial. Pode ocorrer também o efeito contrário, a música gerar um negativo, de acordo com a intenção do lojista. A intenção é criar estímulos que os consumidores desejam ou esperam, mediante a música e de acordo com os elementos da atmosfera da loja. Busca-se conhecer os estímulos dos clientes através de seus comportamentos e reações perante a música ou ambiente que lhe é oferecido.

A música já é utilizada no varejo como ferramenta para alavancar vendas. Algumas empresas oferecem um trabalho a varejistas voltado à pesquisa e escolha de músicas que correspondem aos valores, tendências e à estética da marca e ao estilo de vida de seus clientes, conforme indica os estudos relatados por Smith (2013). Verifica-se que a música é direcionada de acordo às várias especificidades. Analisa-se o perfil financeiro dos principais clientes, idade, tipo de mercadoria e horário. Segue o modelo como algumas empresas utilizam essas músicas:

- *Levi Strauss*:

Trabalha com a empresa *PlayNetwork*; Desenvolvem uma lista de músicas e artistas considerados inovadores; Associação da *Levi's* com canções emblemáticas: *Stand By Me, de Ben. E. King e When a Man Loves a Woman, de PercySledge,* estas músicas eram associadas à comerciais de TV dos anos 80.

- *Macy's*:

Trilhas sonoras de compras para clientes adolescentes e jovens;
Som mais alto; *DJs* reais; Possibilidade de mudar a música em tempo real, evitando a fadiga; Consumidores e empregados não ouvem a mesma música muito tempo, principalmente na época do Natal.

- *Urban Outfitters*:

Artistas obscuros de estilo *indie*; Atrai clientes jovens.

- Mundo verde:

Iluminação brilhante e serena; Atmosfera de paz, relaxamento e introspecção; Música de acordo com o ambiente; Clientes escolhem as músicas; *New age*, indiano, zen (Smith, 2013, p.10).

A música emociona, altera comportamentos, desdobra sentimentos e imaginação. Todos esses elementos são usados, por intermédio da música, para alavancar vendas. Há diversos autores, aqui já mencionados, que pesquisam a reação e comportamentos dos indivíduos quando induzidos a certos ambientes, cenários, atmosfera e música. Essas pesquisas têm o intuito de conhecer o perfil dos consumidores e através disso induzi-lo a um processo de consumo, proporcionando-lhes sensações agradáveis e satisfatórias.

Deste modo, constata-se que o indivíduo, na maioria das vezes, não tem consciência deste processo de indução e alienação. Baseando-nos nessas constatações cientificas, questionamos se haveria teorias ou estudos mais relevantes no âmbito do conhecimento filosófico, sociológico e educacional que reflitam acerca destes processos de alienação. Verificamos em Adorno, estudos que transpassam as constatações que aqui denunciamos.

1.2 MÚSICA E ALIENAÇÃO

A relação entre o ouvinte musical e a própria música possibilita o entendimento de comportamentos peculiares dos indivíduos, na sociedade atual. De acordo com Adorno (2011), os conhecimentos que conduzem a conclusão da socialização desses indivíduos são viabilizados pela investigação empírica mais abrangente possível. Assente na problemática e complexidade da sociedade atual, os hábitos, tipos de comportamentos musicais, distribuição dos tipos de escuta, relação entre produção e recepção musical, fetichismo, estandardização, *glamour*, diversão e entretenimento serão objetos de análise para a compreensão da utilização da música como meio de alienação, fragilizando o indivíduo na sua individuação e relação de ouvinte e consumidor.

Adorno (2011) demonstra as reações dos ouvintes e como são utilizadas as músicas para a formação das predileções e hábitos dos ouvintes, dominando o inconsciente e adequando o indivíduo à lógica musical. O ouvinte não tem consciência das implicações técnicas e estruturais da música, pois se "compreende a música tal como se compreende, em geral, a própria linguagem, mesmo que se desconheça ou nada saiba sobre sua gramática e sintaxe, ou seja, dominando inconscientemente a lógica musical imanente" (Adorno, 2011, p.62).

A educação busca a autonomia e esclarecimento e segundo Kant (1995) ela nutre o progresso da capacidade e coragem no ser humano de sair do seu estado de comodidade, tutoria e submissão - relatada por Kant (1995) como a menoridade - se libertando das amarras sociais e auferir a maioridade, convertendo-se um sujeito autônomo, esclarecido e ético. Com base nesta premissa, o modelo idealista de educação se contradiz com a concepção de emancipação e autonomia, pois, segundo Adorno (1995) existe algo de usurpador quando alguém decide a respeito da orientação da educação dos outros e a sua modelagem a partir do exterior.

A produção da consciência verdadeira tem a intenção de proporcionar o desenvolvimento da autonomia, o pensar por si só, onde as pessoas se libertam de outros que pensam por elas, saindo da menoridade, que para Kant é a incapacidade de fazer uso de seu próprio entendimento. A comodidade, mencionada por Kant, que impede a saída do indivíduo da menoridade, se alinha a estandardização estrutural da música, que segundo Adorno (1994) leva o ouvinte a ouvir apenas o simples, não exigindo esforço e dispensando qualquer processo de concentração. A estandardização da música, segundo Adorno (1994), segue uma construção esquemática, modelo ou forma estrutural definida, padrões estereotipados e qualquer esforço ao escutá-la é desnecessário.

O indivíduo é fragilizado através do processo de deseducação e sujeito à ideologia dominante. A prática educacional segue preceitos que não permitem a conscientização e racionalidade, impondo um estado de tutoria e submissão. Neste sentido é constatado por Adorno (1994) como o ouvinte se sujeita aos *hits*, que são estandardizados. Os *hits* têm uma rígida padronização e seus pilares harmônicos reiteram o esquema-padrão. Essa estandardização dos *hits* obedece a uma padronização que reitera um esquema padrão e são manipuladas por seus promotores. Neste sentido Adorno (1994, p.120) diz que: "A música popular, no entanto, é composta de tal modo que o processo de tradução do singular para a norma já está planejado e, até certo ponto, realizado dentro da própria composição". Isto faz com que a música seja facilmente compreendida pelo ouvinte, despojando-o de qualquer esforço, retirando sua espontaneidade e articulando para suscitar reflexos direcionados.

Adorno (1994) relata a "distração" com que as pessoas consomem um *hit*, totalmente indiferentes ao produto, como se este tivesse vida própria e ordenasse sua vontade e comportamento perceptivo, sendo a desconcentração demonstrada pelo rápido esquecer e o rápido recordar da música.

O conceito de pseudo-individuação é analisado por Adorno, que corrobora o caráter ideológico da música de massa na preservação da realidade material. Conforme o filósofo, concentração e controle escondem-se em sua própria manifestação, camuflados, pois do contrário eles provocariam resistências (Adorno, 1994). Essa pseudo-individuação mantém a ilusão de uma realidade individual, sendo o indivíduo mantido no engodo da livre-escolha. A livre-escolha é enquadrada por produtos pré-digeridos, baseados na pseudo-individuação que é o correspondente da estandardização musical, pois:

> O correspondente necessário da estandardização musical é a pseudo-individuação. Por pseudo-individuação entendemos o envolvimento da produção cultural de massas com a auréola da livre-escolha ou do mercado aberto, na base da própria estandardização. (Adorno, 1994, p. 123).

Neste sentido, o ouvinte tem a faculdade de distinguir e rotular músicas e grupos musicais, identificando o material apresentado. Essa identificação não é considerada no contexto técnico, mas propriamente no que se refere à pseudo-individuação, de natureza sociológica.

A relação de reconhecimento de materiais musicais e produtos são feitas pela técnica da rotulação, determinadas pelas marcas de identificação que impõe seus próprios hábitos, instituindo a liberdade individual da livre-escolha e enquadrando-os na pseudo-individuação.

A livre-escolha de músicas e produtos se fetichiza sob as condições do monopólio cultural transformando-a em mercadoria. Adorno, apropriando-se do conceito marxista de fetichismo da mercadoria, aborda o âmbito dessas mercadorias culturais, conceituando-a como "a veneração do que é autofabricado, o qual, por sua vez, na qualidade de valor de troca se aliena tanto do produtor como do consumidor, ou seja, do homem" (Adorno, 1983, p. 172).

A indústria cultural, no contexto do fetichismo, de acordo com Adorno (1994) estabelece padrões e gostos, criando necessidades artificiais de desejo e consumo. O trabalhador após sua jornada de trabalho monótona, repetitiva e desprovida de criatividade, se esgota fisicamente e emocionalmente, e aproveitando-se disto, a indústria cultural oferece o conforto, descanso e relaxamento.

Este conforto e relaxamento são oferecidos através de músicas que não exigem esforços ou concentração ao ouvi-la, provocando o revigoramento que este trabalhador precisa para novamente executar suas tarefas, sentindo-se parte da coletividade e realizando-se individualmente, atraindo emoções que sente falta em si mesmo. Neste sentido, Adorno diz que:

> A diversão é o prolongamento do trabalho sob o capitalismo tardio. Ela é procurada por quem quer escapar ao processo de trabalho mecanizado, para se pôr de novo em condições de enfrentá-lo. Mas, ao mesmo tempo, a mecanização atingiu um tal poderio sobre a pessoa em seu lazer e sobre a sua felicidade, ela determina tão profundamente a fabricação das mercadorias destinadas à diversão, que esta pessoa não pode mais perceber outra coisa senão as cópias que reproduzem o próprio processo de trabalho. O pretenso conteúdo não passa de uma fachada desbotada; o que fica gravado é a sequência automatizada de operações padronizadas. Ao processo de trabalho na fábrica e no escritório só se pode escapar adaptando-se a ele durante o ócio. Eis aí a doença incurável de toda diversão. O prazer acaba por se congelar no aborrecimento, porquanto, para continuar a ser um prazer, não deve mais exigir esforço e, por isso, tem de se mover rigorosamente nos trilhos gastos das associações habituais. (Adorno, 2006, p. 113).

O fato de a música popular ser aceita sem nenhuma resistência subsiste na ausência de autonomia, transformando-as em mercadorias que são semelhantes entre si e que tende a ser consumida como se dispusesse de existência própria, idealizando a ilusão de identificação entre o ouvinte e a música.

Através de narrativas míticas, referidas por Adorno (2000), como exemplo no canto das sereias e o encontro da Ulisses com o gigante *Polifemo* narrados na Odisseia, são demonstrados o processo de alienação e a busca pela compreensão da realidade, questionando como poderá superar a irracionalidade mítica. O processo que aliena ocorre na relação senhor-escravo, como exemplificado por Adorno (2000, p. 51): "Se o escravo se encontra alienado, o senhor também se aliena, pois se o senhor se relaciona com a coisa pela mediação do servo, dependendo sobremaneira desse, abandona o aspecto da independência a ele, que a trabalha diretamente".

Na tentativa de se afastar do mito, o homem buscando o esclarecimento é forçado a regredir a estágios mais primitivos, conforme Adorno (2000). Essa regressão ocorre quando não se consegue a satisfação de suas necessidades, pois são criados desejos e anseios que são alimentados pelos indivíduos a ponto de não terem mais controle, sujeitando-se a impulsos primitivos homologados pela necessidade de consumo.

A submissão do consumidor é potencializada pelo capital, que converteu a ciência em mercadoria. Portanto, esse processo que aliena e submete o consumidor a pseudo-individuação pode ser revertido, pois segundo Adorno,

> Toda a produção da ciência está condicionada ao cumprimento de juízos de valores, para o bem ou para o mal, quer seus agentes tenham ou não consciência disso. Tal procedimento possibilitaria a tomada de consciência das consequências irracionais dessa racionalidade que, potencialmente, possui a condição do exercício da verdadeira emancipação do reino das necessidades. (Adorno, 2000, p.52)

O conhecimento estabelece as relações de poder, subjugando um grupo sobre outro, definindo seus hábitos, costumes, desejos e satisfações e os mantendo sempre na insipiência irrefreável assimilada pela astuta imposição manipuladora da burguesia dominante.

O capital e a mercantilização da educação, enfatizando a eficiência da produtividade, colaboraram para transformar a música em mercadoria, sendo fetichizada e consumida sob o manto da consciência alienada.

Através da educação, a condição dos indivíduos de submissão, alienação e obediência deverá ser suplantada pela condição de seres autônomos, independentes e com o objetivo de galgar o esclarecimento, podendo refletir, ponderar e discernir.

A emancipação e autonomia proposta por Adorno através da educação conduzirá o indivíduo a superar a consciência alienada e submissa, buscando a compreensão de sua função na sociedade e participando dela ativamente.

1.3 PROPOSTA FORMATIVA PARA CONSCIÊNCIA E RESISTÊNCIA

O anseio por uma educação que possibilite o indivíduo sair de sua condição complacente às pretensões dominadoras da técnica, indústria cultural e ideologia dominante será - com base em autores que disseminaram a luta pela autonomia e emancipação - o objeto de nossa discussão.

A ilusão de que o homem tem liberdade é questionada e demonstrada através, principalmente, de Adorno e Kant. As relações sociais e de trabalho, educação, servilismo, emancipação e autonomia também são focos de nossa investigação, baseando-se nesses autores. Adorno (1995) demonstra a importância de se evitar a barbárie, totalitarismo ou qualquer outra forma que subjuga e aliena o ser humano.

As normas impostas por aqueles que dominam a indústria cultural, a técnica e o conhecimento são absorvidas irrefletidamente por indivíduos que cumprem uma trajetória pré-estabelecida de alienação. O homem buscou o domínio da natureza, e a teve de forma violenta, pois "Os homens sempre tiveram de escolher entre submeter-se à natureza ou submeter a natureza ao eu" (Adorno, 1985, p.43).

Essa busca da dominação da natureza ampliou-se para o domínio do homem sobre outro homem, da minoria sobre a maioria, segundo Adorno (1985). Partindo-se dessa asserção, o esclarecimento deverá se constituir em um processo com o intuito de alterar a condição de vida do indivíduo, levar à formação cultural e impedir a deformação da consciência, assegurando a liberdade e autonomia.

A educação intervém na formação social do indivíduo, legitimando-a. Esse processo educativo, calcado no ordenamento e adequação do meio de produção e consumo, demonstra a característica do ser humano de se livrar do medo e buscar o domínio da natureza, abandonando temores a fenômenos naturais. A natureza, o mítico e o religioso cedem lugar ao que é quantificado, calculado, previsível e mutável. Esse esclarecimento, pressupõe-se conquistado pela luta contra o medo e pelo domínio da natureza, age submisso à economia e à técnica, segundo Adorno (1985). O conhecimento, como instrumento de exploração por um determinado grupo, domina, aliena e cria a falsa liberdade ou pseudo-individuação.

A proposta de formação e resistência do sujeito, através da educação, objetiva a luta contra a passividade e impotência social frente às forças da produtividade técnica e indústria cultural, determinando valores que constituirão elementos para reflexão sobre sujeição e sujeito. Essa formação deverá ser uma reconstrução integrada de conhecimentos, que refutará o sentido ideológico congelado da cultura que impõe desejos e necessidades.

O conhecimento, como fonte de poder, domina e subjuga. O esclarecimento, sendo restrito a alguns, pode levar a continuidade dessa dominação, cerceando a autonomia e emancipação coletiva. Se o conhecimento fortalece o poder, sua ausência torna o indivíduo subserviente. O esclarecimento, ao ser assenhorado pela classe dominante, reduz o sujeito que não a detém a indivíduo passivo, sem reflexão e estático.

A educação deve procurar a reconstrução cultural, redarguindo contra ideias disseminadas por aqueles que detêm o conhecimento, o capital financeiro e cultural, e os utilizam como instrumento de controle. Oposição e resistência devem-se pautar, através da educação, como instrumentos de mudança para a reflexão sobre a eficácia ou ineficácia de conhecimentos sintetizados e conforme

Adorno (1995, p. 181-182) "despertar a consciência do quanto os homens são enganados de modo permanente".

O caos da civilização humana pode ser, através da educação, abrandado. Adorno (1995) alega que a educação ao ser trabalhada de maneira efetiva, reflexiva, crítica e coerente aos princípios humanos, conduz o homem a evitar a barbárie, totalitarismo e o torna senhor de suas próprias determinações.

A resistência, formação crítica e autonomia, devem ser fomentadas a fim de unificar conhecimentos fragmentados e interditados, levando-os a pensarem racionalmente e não como determinado pelos mecanismos da indústria cultural. A autonomia do indivíduo é falseada através da pseudo-individuação. Esse falseamento da autonomia é percebido por meio da busca do conhecimento, pela educação para emancipação e procedimentos racionais que disseminam conhecimentos que não refletem a ideologia dominante.

O homem deve alcançar saberes contemplativos e racionais que proporcionam o desenvolvimento intelectual, cultural, econômico e social. Sem conhecimento, o indivíduo fará parte de um processo centrado na menoridade, relatada por Kant como a "falta de decisão e coragem de servir-se de si mesmo sem a direção de outrem" (Kant, 2008, p. 63).

Através dos conhecimentos adquiridos, os indivíduos ainda não se socializam ou se socializam entre seus iguais. A intolerância, a incapacidade de se reconhecer em outro e a indiferença alheia são mencionadas por Adorno como a barbárie, submetidas a uma lógica desumana. A própria sobrevivência da humanidade se sujeita a superação dessa barbárie:

> Portanto, creio que na luta contra a barbárie ou em sua eliminação existe um momento de revolta que poderia ele próprio ser designado como bárbaro, se partíssemos de um conceito formal de humanidade. Mas já que todos nós nos encontramos no contexto de culpabilidade do próprio sistema, ninguém estará inteiramente livre de traços de barbárie, e tudo dependerá de orientar esses traços contra o princípio da barbárie, em vez de permitir seu curso em direção à desgraça (Adorno, 2006, p. 157).

As condições de violência encontram dificuldades de serem superadas, visto que a indústria cultural e os detentores do capital manipulam sujeitos através de modelos educacionais previamente estabelecidos, tornando-os impotentes, passivos e submissos. A autonomia e o estado de maioridade, mencionados por Kant (1995), são suprimidas pela consciência subjugada a ordem estabelecida, que homogeneíza produtos e pessoas.

A formação do educador, com o intuito de resistir à imposição de modelos, tendências e gostos impostos pela indústria cultural, estabelece relações com a educação de resistência contra a repetição dos eventos ocorridos em

Auschwitz, descrito por Adorno (2006). A educação deve se empenhar em evitar a barbárie, como a ocorrida em Auschwitz, mas também a barbárie contra a consciência humana, capacidade de reflexão, maioridade e autonomia.

A autonomia, aviltada pelo escárnio da ideologia dominante, é sabotada pelos detentores do sistema de ideias do capital, que a utiliza para angariar consumidores e implantar a falsa felicidade. O educador - resistente à ideologia que oprime, reprime e nega a transmissão de conhecimentos que legitima o indivíduo a sua maioridade - deverá trazer consigo elementos que visam à formação humanística, transmitindo-as para a compreensão da totalidade, emancipação, e também no desenvolvimento da consciência crítica.

A formação do educador deve compreender a reflexão educacional, focalizada no político-social, conforme Adorno (2006, p.15). Partindo-se do pressuposto da formação do indivíduo para o trabalho social, o filosofo alemão relata que: "A formação que por fim conduziria a autonomia dos homens precisa levar em conta as condições a que se encontram subordinadas a produção e a reprodução da vida humana em sociedade e na relação com a natureza" (idem, p. 18).

O homem deve ascender a sua condição de maioridade, visando ao discernimento da razão, liberdade, autonomia e emancipação. Conforme Adorno (2011), o homem ao não se opor a ignorância será como o ouvinte que não tem consciência de sua incompreensão, compreendendo apenas fragmentos e retalhos da música. Ao compreender retalhos, o homem perde sua individualidade e se sujeita aos artifícios criados para fomentar e manter desejos alienados.

Em produtos, se insere a música, e ambas são padronizadas. A estandardização da música, que é sinônimo de padronização, segundo Adorno (1994), desenvolve-se, principalmente pela competição. O material produzido obedece à determinada linguagem e deve oferecer a fuga da rotina do trabalho, não exigindo do ouvinte qualquer esforço. O engodo da livre-escolha se consolida pelo caráter fetichista, disseminado pela imposição da passividade afeita, pois segundo Adorno (2006, p. 19): "A indústria cultural expressa a forma repressiva da formação da identidade da subjetividade social contemporânea".

A pseudo-individuação deve ser rechaçada e, através do esclarecimento do processo formativo do educador musical, a autonomia do sujeito deverá ser uma busca constante, que segundo Kant (2008, p. 65) para este esclarecimento, porém, nada mais é exigido, senão a liberdade.

2 METODOLOGIA

Foi desenvolvida uma pesquisa de campo junto a professores de música e professores de música ainda em formação – em sua maioria licenciandos em música. O objetivo desta pesquisa de campo foi complementar nossa discussão teórica com questões que envolvem o nível de consciência dos futuros professores licenciados em relação às temáticas aqui abordadas, sujeitos que em muitos casos já atuam na área da música, educadores musicais.

Apresentamos aqui o procedimento adotado para coleta e análise de dados e ainda uma pré-análise das questões escolhidas e das respostas, com o objetivo de facilitar o acesso ao conteúdo interno dessas respostas, para então proceder no próximo item (item 3) às análises qualitativas propriamente ditas.

2.1 PROCEDIMENTOS DE COLETA E ANÁLISE DE DADOS

Foi desenvolvida uma pesquisa de campo do tipo *survey* (Babbie, 1999) em Goiânia, por meio da aplicação de questionário *online* (http://goo.gl/forms/I7aYmPk2Vi) junto a professores de música e professores de música em formação – em sua maioria licenciandos em música do Instituto Federal de Educação, Ciência e Tecnologia de Goiás (IFG).

A partir dos estudos realizados, constatou-se a necessidade de demonstrar, através de questionários, a visão dos formandos em música ou educadores musicais em relação a alguns pontos das questões defendidas ou questionadas neste trabalho. Por meio das teorias estudadas, as perguntas foram elaboradas para corroborar a proposta de estudo. Conforme Cordeiro (1999), as pesquisas com esta característica têm o intuito de confirmar hipóteses ou burilar teorias ou conceitos.

Para atender os objetivos apresentados, realizou-se uma série de perguntas estruturadas com um conjunto de respostas. As questões foram definidas com o intuito de abordar e verificar os pontos relevantes que podem representar esta pesquisa.

A coleta de dados quantitativos pôde corroborar a importância da formação do educador musical. A importância dada ao tipo de conhecimento musical – formativo ou técnico – é evidenciada por alguns pesquisados.

Na pesquisa, podem-se constatar os diferentes pontos de vistas dos pesquisados em relação à função ou importância do ensino da música nas escolas de ensino regular e ensino técnico de nível médio. Esses dados, ao serem interpretados, contribuem para compreender se o ensino da música é utilizado para formação humanística do indivíduo, formação técnica ou formação técnica/humanística.

Foram levantadas questões referentes à cidadania, consumo, impulso e influência de compra, questões sociais, ensino, reflexão e consciência. Os dados obtidos ajudam a explorar as contradições dos conhecimentos dos indivíduos e como lidam com as questões educacionais e formativas. O grau de importância dada a algumas questões corrobora a proposta do trabalho. A conscientização é mais relevantes para alguns, o conhecimento técnico para outros.

O questionário foi aplicado no mês de junho de 2015, sob a responsabilidade do pesquisador e do professor orientador, no Instituto Federal de Goiás, campus Goiânia. Foram respondidas quatorze questões. A seleção do público de formandos em educação musical foi realizada com a intenção de obter uma quantidade significativa de respostas que confirmam as questões e propostas apresentadas em relação à um público que tem interesse nos campos da música e formação em música.

Os dados obtidos contribuíram para identificar ou criar possibilidades de ações, reflexões, mormente para salientar as que interfiram na educação emancipatória. As questões que serão apresentadas abordam - com o intuito de ampliar a visão crítica e de abordagem humanística - os processos de percepção do educador ou educador-estudante em relação aos meios de conhecimentos que alienam, manipulam para o consumo e alteram hábitos. A compreensão e objetivos do educador em relação à função do processo educativo são elucidados nas questões apresentadas. Entretanto, através deste questionário, busca-se provocar reflexões direcionadas para a educação e formação do indivíduo e não aferição ou identificação rígida do perfil do público pesquisado.

Questionário aplicado junto à educadores musicais:

1 Trabalha com ensino de música?
Sim
Não
2 O seu nível de interesse em educação musical é:
Alto
Baixo
Nenhum
3 Na sua opinião a Educação Musical deve ser focada:
No domínio musical prático e qualidade técnica
Na formação de seres humanos mais dóceis e flexíveis
Na prática musical, incluindo formação humanística

Na formação integral, incluindo a técnica
4 Você gostaria de ganhar melhor para poder gastar com:
Produtos para luxo e ostentação
Produtos de melhor qualidade
Produtos que te valorizem
5 Você acredita que a Educação Musical deve abordar a reflexão sobre cidadania, direitos e deveres, valores humanos?
Com certeza, deve abordar
Não necessariamente
6 Você costuma comprar por impulso?
Sim
Não
7 Em suas aulas de música você discute assuntos relacionados a:
Somente questões musicais
Prioritariamente questões musicais
Questões formativas e extras musicais
8 Você já comprou produtos em promoção, cujo gasto não estava programado?
Sim
Não
9 Na sua opinião quão a função da educação musical?
Formação instrumental/vocal e conhecimentos musicais
Desenvolvimento da criatividade e musicalidade
Desenvolver uma consciência cultural e ampliação do repertório musical
Sensibilizar e desenvolver a interação humana e social
Desenvolver uma consciência crítica e reflexiva da produção musical e da cultura
10 Qual seu sonho como professor de música?
Ter uma escola de música e desenvolver músicos de alto nível
Capacitar meus alunos para continuar seus estudos na área musical
Colaborar para uma formação musical ampla e positiva para o sujeito
Atuar de forma positiva na formação de cidadãos conscientes, autônomos, críticos
Nenhuma das opções acima
11 Ao comprar produtos por impulso, você se arrependeu?
Sim
Não
Nunca comprei por impulso

12 Você acredita que a educação musical deve trabalhar a conscientização acerca da influência da mídia no comportamento?

Sim

Não necessariamente

13 Qual grau de importância você dá para uma aula de música que trabalha aspectos de cidadania?

Muito

Nada

Pouco

14 Você acredita que a aula de música deve construir uma consciência sobre questões sociais e culturais, como: racismo - igualdade - liberdade - cidadania?

Sim, quando possível

Este não é o foco

Vou lutar por isso

2.2 TRATAMENTO DE PRÉ-ANÁLISE DOS DADOS

Os dados dos resultados obtidos no questionário serão demonstrados através de análises quantitativas. Essas análises demonstrarão, através de porcentagens, as respostas obtidas. Cada questão apresentou respostas objetivas e de única escolha. Ao público que respondeu o questionário não teve explicação prévia sobre os temas abordados.

As perguntas sugeridas - com o objetivo de transformar a informação desejada em questões representativas - permearam a necessidade de viabilizar recursos para implantar propostas para a formação do educador musical. Consciente das dificuldades para implementar uma educação para a formação do sujeito crítico e resgatar valores sociais, o questionário foi proposto para também testar a dicotomia da educação e do processo de formação do indivíduo na atualidade.

As informações resultantes do questionário, respondidas por quarenta professores, foram verificadas pelo programa *google docs* e serão demonstradas a seguir. Neste sentido, constatou-se através do questionário que, entre 40 sujeitos que responderam ao questionário, 36 trabalham com ensino de música, 2 não trabalham com o ensino de música, e o restante não respondeu à essa questão inicial. Considera-se que o questionário aplicado apresenta certa confiabilidade com uma oscilação das respostas, de forma que algumas questões de única escolha foram respondidas de forma múltipla inadvertidamente. Este item não comprometeu os dados coletados, mas revela a necessidade de se considerar com cuidado a possibilidade de não se obter de forma taxativa acesso às respostas que se havia previamente levantado nas questões. Ou seja, diante dos limites da pesquisa *survey*, dos limites do aparato técnico (*google docs - formulário online*) e da amostragem de respostas, esta pesquisa de campo, apesar de não ficar totalmente comprometida, também não apresenta autoridade e reciprocidade em relação aos objetivos idealizados na proposta de questionário.

As respostas obtidas servem, no entanto, para elucidar de forma ampla e exploratória as possibilidades das relações que aqui se pretende aclarar – formação musical, consciência, resistência, valores humanos.

As respostas à primeira questão nos mostram a porcentagem da formação dos sujeitos pesquisados, que são em sua maioria educadores musicais que já atuam na atividade profissional.

Além de buscar a formação em educação musical, o interesse por ela é quase unanimidade. Esta observação traz outras questões, que servem para identificar a relação do sujeito com a área da educação musical em si, ou seja, a área da formação e da formação em música. O curso de licenciatura em educação musical absorve profissionais que já atuam na atividade profissional, como mostrado anteriormente. Partindo dessa premissa, o interesse por esses estudantes em suas áreas de atuação – educação musical – é refletido no resultado da pesquisa, sendo que 92,3% têm alto interesse em educação musical.

O educador musical demonstra no questionário o objetivo do ensino de música baseado na sua formação e concepção. A formação humanística e a prática musical, no caso do ensino de música, foram os itens mais escolhidos da questão proposta. Pode-se inferir que o desenvolvimento técnico não traspassa o condão dos conhecimentos almejados para fazer o uso da consciência racionalmente. Como demonstrado abaixo, a formação humana e integral no ensino torna-se concomitante com o ensino técnico, o foco do ensino postula a formação e transformação de conhecimentos.

A quarta questão do questionário aplicado apresenta dados relativos aos interesses e intenção de consumo. A possibilidade de serem mais bem remunerados viabiliza a busca pela satisfação pessoal. Nesta questão, 47,5% dos sujeitos que responderam o questionário, tem interesse em produtos que os valorizam e 52,5% em produtos de melhor qualidade. A diferença de aproximadamente 50% reflete o processo de formação cultural e percepção desses indivíduos em relação aos comportamentos introjetados na cultura. Deve-se considerar que não foram avaliados perfis econômico, social e cultural dos estudantes.

A maioria dos estudantes, 82,1%, demonstrou interesse pela educação musical que exceda o conhecimento técnico, disseminado por normas preestabelecidas. A abordagem de conteúdos que propicia ao indivíduo reflexões desperta a consciência para a construção da autonomia. Ao conteúdo pertinente ao ensino musical, a maioria dos sujeitos inclui o cultivo de saberes que disseminam a busca pela consciência que possibilita o desenvolvimento do pensamento, valores humanos e capacidade crítica, ao menos teoricamente.

A indução ao consumo de produtos e ideias homogeneizadas reificam a busca pelo entretenimento e prazer do consumo. O desejo de adquirir produtos, geralmente fetichizados é estimulado por um sistema cultural que implica valores e comportamentos. Neste sentido, observa-se a racionalidade dando espaço aos desejos consumistas, sendo os indivíduos meros compradores. No questionário respondido, 25% dos alunos já compraram por impulso.

O *marketing* auxilia na busca de estratégias de vendas, criando várias formas de desejo. O indivíduo inconsciente das ações manipuladoras acaba adquirindo produtos que não precisava, não tinha planejado adquirir. Com base nisso, foi elaborado a questão seis, onde a maioria, 75% dos sujeitos, diz não ter o costume de comprar por impulso.

A fim de verificar a concepção de educação musical e ainda como se desenvolve as aulas de músicas, ministradas pelos sujeitos que responderam este questionário, foi incluída a questão sete. Apesar de a maioria ter focado na formação humanística, integral e prática musical (questão três), este item demonstra a importância dada, por esses estudantes, às questões técnicas musicais. A metade, praticamente, prioriza questões musicais e a outra, questões formativas e extras musicais. Isto demostra que a maioria dos sujeitos abordam em suas aulas apenas questões musicais ou prioritariamente questões musicais em detrimento de questões formativas extramusicais.

A oitava questão aborda a porcentagem de indivíduos que adquiriram algum produto que não estava previsto, mas que foram atraídos pela vantagem da promoção. Há diversas estratégias para angariar consumidores, sendo a promoção uma delas. Dos sujeitos pesquisados, apenas 32,5% evitaram a compra de produtos ofertados por promoções, cuja compra não estava programada. Isto demostra contradição em relação à questão seis, pois aqui fica comprovada a compra por impulso.

Na questão nove os sujeitos ficaram divididos em dois grupos. Praticamente a metade, 55% das respostas obtidas, está em consonância com os ideais de esclarecimento, demonstrado por Adorno. A educação para o desenvolvimento da consciência crítica e reflexiva se alinha ao pensamento adorniano para a emancipação e autonomia do sujeito. O foco na formação instrumental é, para 15% dos alunos, a função da educação musical. Para outros 15 % o foco é o desenvolvimento da criatividade e musicalidade. No entanto, podemos inferir que os sujeitos se dividiram em dois grupos, um grupo preferiu responder a última opção e os demais ficaram distribuídos nas respostas anteriores.

O professor de música pode preocupar-se com os conteúdos musicais, desenvolvimento da autonomia, ou ambos. Esses itens podem se desdobrar, mas os tomaremos como base. Na questão dez, foram dadas várias opções que refletirão os sonhos ou objetivos dos sujeitos enquanto professor (a) de música. Atuar de forma positiva na formação de cidadãos conscientes, autônomos e críticos foi o item que mais escolhido. Para 45% dos sujeitos, essa intenção de atuação colabora para a formação humana do indivíduo. Para isso ocorrer, esse estudante e/ou educador musical deverá ter uma bagagem de conhecimentos que propiciará essa atuação mencionada. A formação musical ampla e positiva, focada nos conhecimentos musicais é o objetivo de 27,5 % dos sujeitos. Há também o foco no ensino musical, propriamente técnico, com o intuito de preparar o aluno para prosseguir os estudos musicais. Cerca de 22,5 % compreendem o ensino de música dessa forma. Das opções apresentadas, 10% não se identificaram com nenhuma e apenas uma pessoa tem interesse em abrir uma escola de música. Verifica-se, nesta questão, que os sujeitos idealizam ou teorizam um ensino transformador, voltado para a formação de cidadãos conscientes, autônomos, críticos. No entanto, as respostas não indicam com esta escolha se efetiva na *práxis* educativa.

A nona questão demonstra a insatisfação ou arrependimento ao adquirir um produto por impulso. As lojas preparam uma atmosfera que desperta o desejo de compra, o que leva os sujeitos ao arrependimento posterior. Nos dados obtidos, percebe-se que a maioria, 71%, que compraram nessas condições - de impulso – se arrependeram. Os que não compraram por impulso foram 30%. Assim, verifica-se que a maioria dos sujeitos assumem suas condições de fragilidade em relação ao sistema de vendagem. Estas respostas da questão 11 corroboram com a questão 8 e, ambas contradizem as respostas da questão 6. Ou seja, fica comprovada a compra por impulso, o gasto acima do programado e ainda o arrependimento dos sujeitos.

A questão 12 versa sobre questões formativas na educação musical. Essa questão abrange conteúdos que visam abordar a conscientização no tocante a indústria cultural e suas pretensões manipuladoras. A mídia transmite informações que, em detrimento com o processo emancipatório da educação, geram conformismo e leva o indivíduo seguir a regra geral da formação cultural. A formação do sujeito compreende - além da informação, conhecimento e educação – e ainda envolve o entretenimento. Neste sentido, os efeitos provocados pela mídia devem ser mensurados, com o intuito de se compreender a submissão ao caráter ideológico imposto por ela. O educador deve ter consciência do poder reflexivo e romper com o esfacelamento de comportamentos que enquadra o indivíduo numa ideologização social que impede o esclarecimento e a autonomia. O progresso da conscientização liberta o homem das amarras da indústria cultural e do poder econômico.

Pelo exposto acima, percebe-se a necessidade de conscientização dos sujeitos em relação à mídia. No entanto, de acordo com as respostas à 12ª questão - 25,6% dos sujeitos acreditam que isso não deve ser trabalhado na educação musical. No entanto, 74% acham que dever haver esse processo de conscientização.

A cidadania deve ser arraigada no processo educativo e cultivada pelo educador para edificar valores éticos e sociais. Foi verificado na questão treze o grau de importância dos aspectos de cidadania na aula de música. 82,5% dos sujeitos consideraram esse item importante. 15%, consideraram pouco importante, e um sujeito considerou que uma aula de música que se relacionada à aspectos ligados à cidadania não é importante.

A última questão trata de temas do campo da formação social, que estão inseridas principalmente em aspectos de uma formação cidadã. Contradizendo a questão anterior, as respostas da questão quatorze indicam que para os sujeitos este não é o foco da aula de música. A maioria dos sujeitos, 62,5%, manifestou que deverá ser trabalhada a construção de uma consciência sobre questões sociais e culturais, como: racismo, igualdade, liberdade e cidadania, mas quando possível. Outros 17,5% declararam que não é o foco do ensino de música e 20% dos alunos que participaram do questionário vão lutar por isso. Os dados desta questão revelam que a compreensão dos sujeitos acerca da inclusão de aspectos formativos cidadãos ainda não tem primazia no ensino de música. Para os sujeitos, as questões sociais e culturais relacionadas à formação integral do indivíduo devem ser abordadas quando possível.

3   ANÁLISE DOS DADOS

Com vistas à articulação entre formação ética e musical, acredita-se que a formação do educador deve procurar alternativas às amarras do processo educativo vigente, que nem sempre se ocupa desta relação. Esta pesquisa, ao selecionar professores e estudantes de música para responder a um questionário, tem o intuito de observar a relação entre o ensino vigente e uma concepção de formação para emancipação, pois para Adorno "a questão do poder e da ética, a dominação autoritária ou a democracia, não são examinadas como fundantes ou existências primárias, mas derivadas no curso do desenvolvimento determinado da formação social" (Adorno, 1995, p.22).

Os caminhos consolidados e trilhados durante o processo de formação do educador se esbarram em normas rígidas e definidas. Em muitos casos forma-se o educador para o mercado de trabalho sem os objetivos de uma conduta livre e autônoma, voltados para uma formação completa. Através do questionário proposto, foram observados perfis que demonstram de forma exploratória o não discernimento da educação mercadológica e coisificada para a educação que deveria visara formação o indivíduo dentro do viés humanístico.

A educação musical, inserida no contexto geral de educação, deve colaborar para a formação da pessoa, não só tecnicamente, mas também para a autonomia, relações sociais e emancipação. Nesse sentido, a escolha dos alunos do curso de graduação em educação musical, fez-se extremamente relevante, pois a contribuição para conter a insuficiência do processo educativo.

Ao entrar no ambiente de trabalho, o educador musical geralmente encontrará regulamentadas todas as suas atividades. Neste sentido, Adorno (1995), contribui para a busca por uma postura mais dialética por parte do professor, e esclarece a necessidade de uma objeção do professor contra essa regulamentação. Cabe então, a este profissional, romper com o comportamento subalterno e conduzir a rescisão de imposições já estabelecidas.

O educando, ainda em processo de formação, depara-se com o complexo processo e modelo social. Levando em consideração esse processo, considera-se que ainda não está delineado o conceito de educação para esses estudantes. Baseando-se nessas afirmações, os dados obtidos sustentam, através da ponderação de conteúdos e conceitos, a busca por respostas que contribuem para educação e formação humana. De acordo com Zanolla (2002), "o conceito de educação em Adorno envolve não somente a construção de conhecimentos pedagógicos e restritos à academia, mas sobretudo capacidade de discussões sobre política, cultura e sociedade como processos que viabilizam a formação humana" (*apud* Peres, 2009, p.15).

Em relação à pesquisa de campo, acreditamos que as respostas descreveram, ainda que minimamente, a possibilidade de se compreender as hipóteses levantadas pelas reflexões realizadas, pois "sem uma reflexão crítica sobre o caráter definitivamente mediato dos conteúdos da consciência e dos comportamentos dos indivíduos como produtos sociais, a investigação social empírica acabará capitulando ante os seus próprios resultados" (Adorno e Horkheimer, 1973, p.120).

A análise que será realizada a seguir, tem suas bases científicas no campo da teoria crítica de Adorno e Horkheimer, descrita por Alves-Mazzotti (1998) quando este traz a teoria crítica na discussão do método nas ciências naturais e sociais. O procedimento de análise que busca a crítica interna dos dados é descrito por Cordeiro (1999) como sendo um procedimento científico do campo das ciências sociais, intitulado como um tipo de interpretação ou hermenêutica, sendo um procedimento qualitativo de análise de dados – realizado aqui com base nas temáticas ou categorias que direcionam nossas análises: Consumo e Indução; Música e Alienação; Consciência e Resistência.

3.1 ANÁLISE COM BASE NA CATEGORIA 'CONSUMO E INDUÇÃO'

A satisfação estabelecida pela glamorização representativa dos estímulos da experiência de consumo sobrepuja a racionalidade tutelada pelos fundamentos do conhecimento, educação e liberdade. Se o saber e conhecimento estão a serviço da economia, promove-se o aperfeiçoamento da técnica, distanciando-se do grupo de indivíduos que não integram o elenco dos esclarecidos.

A ciência empenha-se em idealizar um discurso lógico, apresentando dados que neutralizam e relegam o indivíduo à supremacia da exploração cultural e de produção. A arte torna-se produto, o conhecimento subjuga e relega o indivíduo aos domínios da produção e a desconexão de informações que não produzem conhecimentos favorece o caráter publicitário da cultura e consumo.

Neste sentido a

> (...) adaptação das suas técnicas de investigação a objetivos comerciais e administrativos, pelo menos em sua origem e em grande medida, não esteve alheia a uma ciência que, usando uma vez mais – para sermos sucintos – uma frase de Max Scheler, oferece um saber de domínio e não um saber de cultura (Horkheimer e Adorno, 1973, p. 128).

Através do questionário proposto aos professores e alunos do curso de licenciatura em Educação Musical no Instituto Federal de Goiás, procurou-se investigar a opinião deles em relação ao consumo e indução com os temas discutidos e teorias propostas.

A intenção ou não de compra, o desejo e a necessidade são características objetivas dos consumidores. Os alunos, ao responderem o questionário, demonstraram como se dá a relação ao consumo, intenção de compra e compra involuntária. Transforma-se o produto do trabalho em mercadoria, agregando valor de acordo com o caráter social sugerido.

O produto adquirido tem valor específico de acordo com a subjetividade do indivíduo. O produto pode ser adquirido pela sua qualidade ou pelo valor que ele agregará a pessoa. Percebe-se nisso, a relação fetichista, característica da frágil relação sujeito e objeto, onde o objeto tende a possuir naturalmente domínio sobre o sujeito. Percebe-se que os desejos consumistas são nutridos pelo fascínio motivado pelas artimanhas da ideologia dominante, obscurecendo a consciência e alimentando a pseudo-individuação.

O próprio estudante de música ou estudante que já é educador pode subordinar sua consciência às intervenções fomentadas pelo estimulo do pensamento e da consciência. O enaltecimento de produtos, o desejo construído e manipulado, o consumo desmedido deverá ser explicitado e após isso, acredita-se, deve haver um estímulo a resistência à essas imposições, instigando a busca pela reflexão em detrimento ao pensamento único.

O sujeito, não tendo uma razão de ser, relaciona-se com a sociedade sob o domínio da massificação dos indivíduos. Se há esse domínio, a percepção da pessoa se adapta e se sujeita ao caráter idealista hegemônico de consumo cego. Através dessa adaptação, o sentimento de posse se concretiza até mesmo antes da compra. Ao entrar em uma determinada loja, a pessoa sente-se atraída a consumir, mesmo que não haja necessidade de adquirir algum produto.

Esse desejo de consumir é manipulado e construído, criando-se relações de sentimentos entre a pessoa e o objeto desejado. De acordo com Shett

> (...) identificam-se três componentes da atitude denominados cognitivo, afetivo e conativo. O componente cognitivo refere-se a pensamentos e crenças, podendo ser interpretado como expectativas que ligam um produto, uma marca, uma pessoa ou uma loja a um atributo ou benefício. O componente afetivo é o conjunto de sentimentos que uma pessoa tem em relação a um objeto, as emoções que esse objeto evoca. A ação que uma pessoa deseja realizar em relação a um objeto representa o componente conativo das atitudes. A música de uma loja pode influenciar positiva ou negativamente nesses três componentes das atitudes (*apud* Bastos, 2013, p.10).

Vários estudos convergem-se à ideologia de vendas, consumo, prazeres hedônicos de compras. Nesse sentido, a educação não pode ser racionada a ponto de o indivíduo não governar a si mesmo. A sujeição constrange a autonomia da pessoa, que a submete à obediência aos ideários de dominação.

A música é utilizada, em ambientes de lojas, como instrumento de manipulação para a produção econômica. As respostas obtidas no questionário corroboram as teorias apresentadas. O comportamento de clientes, consumidores é alterado ou moldado pela música, ambiente, atmosfera da loja.

Além desses aspectos, que ocorrem no interior do estabelecimento, pensamentos, crenças, sentimentos, emoções, atitudes são utilizadas pelo *marketing* sensorial para impulsionar vendas.

Adorno tenciona a educação para libertação, autonomia e emancipação. O educador, sem esses requisitos em sua formação, resigna-se a inércia de conhecimentos superficiais infundidos pelos criadores do encanto da alienação tecnicista. Na ilusão de superar o medo, o mito ainda permanece vivo, sujeitando o servo ao seu senhor.

3.2 ANÁLISE COM BASE NA CATEGORIA 'MÚSICA E ALIENAÇÃO'

Canções de ninar, canções familiares e lamentos de uma garota perdida seguem, conforme Adorno (1994), uma padronização que fomenta a convicção de um cenário rudimentar, experiência familiar e fatos harmônicos primitivos. Incorre-se, pela luz da razão, que a estandardização da música popular consolidou a dissolução da livre imaginação, sendo superada por um modelo ou forma estrutural definida.

A submissão às representações abstratas de veneração impede a consciência de compreender o essencial. O discernimento é escamoteado em prol de uma necessidade criada pelas representações dos valores culturais dominantes. Essa submissão e não discernimento, aquiescida pela voz do coletivo, ratifica o caráter pretensioso dos que tutelam a consciência alheia.

O educador musical sem a formação para plena consciência, tenderá certamente a direcionar a formação das gerações para a prática – *intentio recta*. Porém, nas respostas dos participantes compare no discurso a formação humanística e formação integral, como opção de resposta no questionário empregado. Neste sentido, cabem também a relação entre formação musical e formação para cidadania, o que comparece na análise da estrutura da música *hit*. Para Adorno, o todo e o detalhe da música devem ser compreendidos, não sendo o detalhe apenas parte do todo, e de acordo com Adorno (1994) na música séria de boa qualidade "cada detalhe deriva o seu sentido musical da totalidade concreta da peça, que, em troca, consiste na viva relação entre os detalhes, mas nunca na mera imposição de um esquema musical". Para os sujeitos pesquisados a formação humana ainda é apenas um detalhe, apenas parte.

A formação técnica, quando focada ou direcionada, tende a dar atenção somente à parte e não ao todo, não exigindo a visão da totalidade. Acredita-se, assim, que a formação técnica deve integrar conteúdos que auxiliarão o indivíduo a usar seu próprio entendimento, conscientizando-o da ilusão da livre-escolha ou pseudo-individuação. A percepção da dimensão total da música e de seus detalhes, produzido a partir da concepção do todo, remete o indivíduo a uma ação autônoma, consciente, fundamentando o saber e compreensão, conforme Adorno (1994).

A música popular padronizada é articulada em estruturas fixas. O trabalho segue um padrão semelhante: repetições, monotonia e ausência de consciência autônoma. O entretenimento, através dessas características, surge como um alento ao trabalhador. A autoconsciência do indivíduo não compreende a relação trabalho-entretenimento. Sendo este entretenimento fomentado, o desejo por ele perpassa a distinção de que a subjetividade se subordina a ânsia dos produtores de bens culturais pré-digeridos, conforme Adorno (1994).

A música na função de consolo, diversão, entretenimento e promotora da alegria conduz a um comportamento normativo e opressor, determinando a menoridade do indivíduo, pois, "todavia, a mera existência da música, o poder histórico que nela se depositou e o embaraço de uma humanidade ainda na menoridade em relação às instituições que a oprime, dificilmente explicariam, por si só, a fixação das massas e muito menos a demanda ativa" (Adorno, 2011, p. 118).

A música, utilizada com o intuito de angariar consumidores, oferece satisfação compensatória, e "como função social, assemelha-se então ao embuste, à falsa promessa de felicidade que se instala no lugar da felicidade mesma" (Adorno, 2011, p.123).

O educador musical, consciente do caráter formativo, poderá recusar ideologias implantadas com o intuito de manter a alienação, e refutará artifícios utilizados para contrapor o sujeito à busca do conhecimento e autonomia. Nesse sentido,

> o pedagogo social bem-intencionado, bem como o músico, crente de que seu assunto é um desvelamento da verdade, e não uma mera ideologia, perguntará de que modo pode fazer frente a isso. A pergunta se justifica tanto quanto sua ingenuidade. Se a função da música é efetivamente idêntica à tendência ideológica da sociedade global, então resulta inimaginável que seu espírito, assim como o espírito do poder institucional e do próprio ser humano, suporte com indulgência uma outra função pública da música (Adorno, 2011, p.135).

As respostas dos alunos, no questionário, demonstram a preocupação com a formação de indivíduos conscientes, abordando conhecimentos racionais, técnicos e objetivos. O educador incorrerá na busca dessa formação quando sair da inconsciência. Se a música desempenha um papel ideológico representativo, a falsa consciência se sujeita a essa ideologia, limitando a compreensão, reconhecimento, percepção e liberdade.

O consumidor cultural e o ouvinte de entretenimento se sujeitam aos efeitos da música. Utilizam-se, com parcimônia, esses efeitos com o intuito de alterar ou provocar reações. O fascínio pela diversão, a busca do prazer, amenização de sofrimentos são os nefastos artifícios usados pela ordem do capital.

A alienação é em todos os aspectos introjetada na sociedade, prevalecendo a ordem econômica, que necessita de indivíduos submissos, admiradores de um modelo padronizado e afeitos a *hits*, estandardização e pseudo-individuação. O educador musical, consciente de todo esse processo alienante, poderá viabilizar a autonomia na formação do sujeito, tirando o véu da obscuridade alienante e conduzindo-o à possibilidade de uma maioridade. Essa autonomia deverá ser uma busca constante do educador em prol da formação do indivíduo.

3.3 ANÁLISE COM BASE NA CATEGORIA 'CONSCIÊNCIA E RESISTÊNCIA'

A consciência manifesta a relação sujeito-objeto. Sofrimento humano e contemplação são exemplos dessas manifestações. A relação entre dominação e emancipação sedimenta a distinção entre dominador e dominado, senhor e servo. Portanto, a autonomia e emancipação possibilitam ao indivíduo resistir à imposição ideológica dominante da racionalização econômica.

A singularidade, como sinônimo de autonomia, não se reserva às ideologias ou normas dominantes de grupos sociais. A independência intelectual favorece o próprio conhecimento e a sua construção. Nesse sentido, a conscientização e resistência se opõem aos ditames opressores da classe dominante e ao sistema cultural capitalista.

A técnica reproduz a racionalidade capitalista sujeitando o indivíduo à condição de consumidor, desejoso por mercadorias. É latente, conforme o questionário aplicado, que o público pesquisado se preocupa com a formação humana e integral, mas principalmente com a formação técnica. Essa formação técnica é o produto consumido. O cliente ou aluno estabelece contrato com o professor de música com objetivos definidos e esse professor disponibiliza sua mão de obra ou produto.

Questionamos, com bases nos fundamentos aqui apresentados, qual deveria ser o objetivo do professor de música, formar músicos ou educar musicalmente? Certamente a técnica estará ao seu dispor para realizá-la. O educador só excederá o conteúdo técnico se ele tiver uma formação que propicie condições para isso. A música deve ir além de produto cultural, o professor, além da reprodução de técnicas repetitivas e estabelecidas, não sendo, para o aluno, apenas o entretenimento como *light motiv* de sua busca.

O processo educacional deve ampliar ou criar meios para que o aluno tenha condições de expor e desenvolver suas habilidades. Para desenvolvê-las, o processo industrial e econômico impõe determinadas necessidades, sendo elas o interesse dos indivíduos. O educador deverá ir além das habilidades que suprirão a demanda do mercado de trabalho e do conhecimento técnico. A educação, assim limitada, se sujeita à rígida e arcaica ideologia dominante e do Estado. Portanto,

> Há nisto evidentemente uma crítica ao próprio processo educacional, que até hoje em geral fracassou em nossa cultura. Este fracasso e atestado também pela dupla hierarquia observável no âmbito da escola: a hierarquia oficial, conforme o intelecto, o desempenho, as notas, e a hierarquia não-oficial, em que a força física, o "ser homem" e todo um conjunto de aptidões prático-físicas não honradas pela hierarquia oficial desempenham um papel (Adorno, 1995, p. 109).

A maioria dos alunos pesquisados tem interesse pela educação musical, focada na formação humana e integral, embora se priorize questões meramente musicais. A orientação técnica adquirida por esses educandos certamente poderá influenciar seus alunos na submissão às tutelas alheias, caso não a conjugue com conhecimentos que incitam a reflexão e autonomia.

O educador não se contrapõe a ideologia da escola, da sociedade ou a que se está submetido, entretanto não deve se restringir a ela. Ultrapassam-se teorias e conceitos arraigados na sociedade pela minoria que a impôs. A orientação crítica, através de uma teoria social que provoca a reflexão, poderá conduzir o indivíduo a perceber que a produção de riqueza é o epicentro do coletivo social.

Trabalho, rotina e monotonia são os propulsores da busca pelo entretenimento, diversão e descanso. A música é transformada em produto, satisfazendo o trabalhador que busca a fuga dessa rotina e monotonia. Assim,

> A diversão é o prolongamento do trabalho sob o capitalismo tardio. Ela é procurada por quem quer escapar ao processo de trabalho mecanizado, para se pôr de novo em condições de enfrentá-lo. Mas, ao mesmo tempo, a mecanização atingiu um tal poderio sobre a pessoa em seu lazer e sobre a sua felicidade, ela determina tão profundamente a fabricação das mercadorias destinadas à diversão, que esta pessoa não pode mais perceber outra coisa senão as cópias que reproduzem o próprio processo de trabalho (Adorno e Horkheimer, 2006, p.113).

À medida que há o tempo livre, a indústria cultural cria desejos e controla esse tempo. As músicas, filmes, roupas, automóveis, são impostas para serem digeridas conforme o paladar desenvolvido. A formação para a resistência em Adorno denuncia que sem o processo de conhecimento, autonomia, reflexão e emancipação a liberdade não existirá.

Ao conscientizar o aluno, o educador estará se opondo à manutenção da condição estrutural de dominação das pessoas. O conteúdo e a técnica devem ser traspassados por conhecimentos que se opõem à dominação e alienação. A educação deve contribuir para a resistência e lutar pela liberdade.

As informações obtidas, através do questionário, procuraram demonstrar os objetivos propostos. As questões objetivas abordaram as principais ideias das teorias apresentadas. Os participantes da pesquisa, responderam questões a respeito do consumo, importância da educação musical e objetivos do ensino de música.

O positivismo e o caráter conservador ainda são presentes na formação ou objetivos desses estudantes, enquanto futuros educadores. Percebe-se assim o conflito entre a teoria tradicional positivista e a busca da emancipação dos indivíduos. O positivismo não se ocupa de situações concretas da gênese social, afastando-se da realidade.

A teoria deve se relacionar com a *práxis*, portanto, o educador, através do pensamento crítico, deve fazer essa relação e buscar ações que suplantarão contradições entre teorias e sujeitos. Intervindo no processo educativo, o educador poderá proporcionar conhecimentos técnicos e buscar a emancipação do sujeito. O pensamento crítico se configura na possibilidade de superar os conflitos gerados pela busca de conhecimentos técnicos em detrimento ao conhecimento para a formação do sujeito autônomo e emancipado. Conforme Alves,

> o sujeito do conhecimento é um sujeito histórico que se encontra inserido em um processo igualmente histórico que o influencia. O teórico crítico assume essa condição e procura intervir no processo histórico visando a emancipação do homem através da uma ordem social mais justa (Alves, 1998, p.117).

O educador musical deve ter a consciência de que a música, por si só, não emancipa. Apesar dos poucos dados obtidos no questionário, ele nos permite perceber a concepção do educador musical em relação ao ensino e como ele trabalha a música com os alunos.

Adorno propõe a educação para emancipação e autonomia. A ciência - por meio de educadores engajados em superar regulamentos, padrões e teorias dominantes - pode mediar a transformação da sociedade. Se na pesquisa, pouco se constatou essa intenção, deverá haver a preocupação em rebater padrões estabelecidos, inconscientes, obsessivos e caóticos, que se opõem à uma ordem social mais justa.

4   CONSIDERAÇÕES FINAIS

Educação, música, sociedade e consumo, foram os tópicos trabalhados com a finalidade de compreender e demonstrar como a música e a educação podem repercutir no processo de consumo e alienação. Ao incluir estudos sobre a indução ao consumo com estudos que promovem resistência ao sistema que impõe o gasto inconsciente, constatou-se como a música é utilizada para instigar o consumo. Essa constatação serviu-nos de base para, através de Adorno, principalmente, desenvolver uma pesquisa bibliográfica e de campo que pudesse apurar como a música é pensada em relação ao seu ensino.

Percebemos a busca pelo aprimoramento de técnicas e subterfúgios que tecem a reificação do sujeito, onde a liberdade é obstruída e convertida em desejos fetichistas. Todos esses procedimentos têm o intuito de impulsionar vendas, e a música tem sido um dos elementos presentes neste contexto. A formação humana – contrária ao capital - visa a autonomia e emancipação do indivíduo, possibilitando-lhe resistir ao consumo incutido.

A constatação de estudos, teorias e pesquisas que induzem o consumo, apresentadas no primeiro item, demonstrou-nos a importância de um processo educacional que possa conscientizar o indivíduo, proporcionando-lhe conhecimentos para formar uma consciência crítica.

Ausente o pensamento crítico, a objetividade se expressa no fetiche e no modo de produção capitalista e a subjetividade se submete ao crivo social vigente. A sociedade estabelece parâmetros racionalizados pela finalidade econômica. Portanto, o comportamento e identidade serão harmônicos e compatíveis com os pensamentos de uma sociedade nivelada psicossocialmente.

O pensamento e a consciência crítica possibilitam ao indivíduo perceber estímulos gerados com a finalidade de alterar comportamentos. A mídia produz esses estímulos com intenção de seduzir o indivíduo a comprar ou se tornar um insaciável consumidor. Constatou-se, conforme as respostas ao questionário, uma tímida preocupação dos educandos, futuros professores de música, em conscientizar os alunos em relação à influência e sedução da mídia. No entanto, parece que os sujeitos respondentes não têm certeza desta função no campo educativo.

Com base nos estudos aqui desenvolvidos, compreende-se que a resistência aos estímulos, influências e manipulação de comportamentos, desígnio das teorias apontadas, pode e deve compor processos educativos musicais. As ideias apresentadas, quando vinculadas a processos de formação, poderão subsidiar a conscientização do educador musical, assegurando-lhe conteúdos e argumentos que orientarão a formação de alunos.

Buscamos mostrar, aqui neste trabalho, o ímpeto da indústria cultural, do capitalismo e seu jugo e a música neste contexto. O horizonte ávido da dominação capitalista exacerba a formação do indivíduo, anulando o postulado empreendido contra a tutela do conhecimento mercantilizado. A educação, suplantando interesses econômicos, prosperará no sujeito a relutância aos ideários da classe dominante.

Propor a formação do educador musical orientada para a formação humana - que inclui a emancipação, autonomia e reflexão crítica – conduz a ressignificação de conceitos de norteiam a singularidade do indivíduo, assim como todo o ideário de um campo do saber. Os subterfúgios do educador musical em empenhar-se pela inconformidade às ideologias educacionais trazem à tona a formação mascarada, configurada no capitalismo, o que foi possível constatar nas respostas ao questionário.

A identidade social é moldada conforme as regras sociais, massificada pela racionalidade capitalista. O educador musical ao consumir conforme a imposição da indústria cultural se insere na submissão social e intelectual. A necessidade de reconhecimento é a premissa da cultura capitalista. Consoante ao questionário proposto, certificou-se o interesse dos educandos por produtos que os valorizem. Esse interesse reflete a submissão da liberdade individual aos modelos estabelecidos na relação sujeito-objeto.

A pesquisa teórica demonstrou que desejos, sensações e sentimentos são manipulados para satisfazer o sistema insaciável de lucro do capital. O pensamento dominante controla, impõe e subjuga indivíduos, que se embrenham no fascínio legitimador de suas abstinências. Esse controle se opõe à liberdade do sujeito. A liberdade, autonomia e emancipação são conquistadas por intermédio da educação contrária ao positivismo, que relega a subjetividade dos sujeitos aos ideais científicos perpetrados na formação acadêmica tecnicista ainda em voga.

A metodologia utilizada neste trabalho contribuiu para constatarmos as proposições implementadas. A utilização da música para induzir o indivíduo a consumir e a manipulação dos desejos, gostos e escolhas - denunciados por Adorno como a pseudo-individuação – foram demonstradas, mediantes as teorias apresentadas. A interferência na relação do sujeito-objeto, sujeito-sujeito,

sujeito-sociedade, foram destacadas com o intuito de cooperar para se pensar a relação alienação/emancipação do indivíduo.

A pesquisa teve o intuito de mostrar os principais pontos discutidos no trabalho, não necessariamente de comprovar, mas sim elucidar, refletir. Apesar de exemplificar esses pontos, a pesquisa foi limitada, em decorrência do pouco tempo disponibilizado. Entretanto, percebemos como se dão as lacunas no campo formativo em música na atualidade, que carece de fundamentos que revelem com mais afinco a importância de buscar e promover conhecimentos e conteúdos que proporcionem o desenvolvimento do indivíduo, frisando a relevância de combate à barbárie. A transformação do indivíduo está também associada à formação de educadores musicais e de seus alunos.

É o educador quem fornecerá ou intermediará esses conhecimentos. Baseando-se nessa premissa, inferimos a importância de se buscar, no campo educativo musical, conhecimentos que possibilitam ao sujeito compreender as contradições e relações sociais, experiências individuais e coletivas, não-identidade e subordinação.

Na educação musical, o estudo constante acerca da autonomia e emancipação contribuirá para a transformação e desenvolvimento de indivíduos com uma identidade crítica, autocrítica, reflexiva. Assim, em detrimento ao processo de dominação, manipulação, consumo e violência, são necessários maiores empenhos formativos e humanizadores na área musical.

REFERÊNCIAS

ADORNO, T. W. **O fetichismo na música e a regressão da audição**. In: BENJAMIN, W. et all. Textos escolhidos. 2. ed. São Paulo, 1983, 2000.

______. **Educação e Emancipação**. Rio de Janeiro, Paz e Terra, 1995.

______. **Educação após Auschwitz.** In: Educação e Emancipação. 3ª Ed. São Paulo: Paz e Terra, 2003.

______. **Introdução à Sociologia da música: doze preleções teóricas.** São Paulo: Editora Unesp, 2011.

______. **Sobre música popular**. In: COHN, G. (org.). Theodor Adorno: sociologia. 2. ed. São Paulo: Ática, 1994.

______. **A indústria cultural**. In: COHN, Gabriel (org). Adorno: Sociologia. 2. ed. São Paulo: Ática, 1994.

ADORNO, T. W., HORKHEIMER, M. **Dialética do esclarecimento**. Rio de Janeiro: Zahar, 1985.

______. **Indústria cultural - o esclarecimento como manifestação das massas**. In: Dialética do esclarecimento. Rio de Janeiro, Zahar, 1985, 2006.

______. **Dialética do esclarecimento: fragmentos filosóficos**. Rio de Janeiro: Jorge Zahar, 1985.

______. **Temas básicos da sociologia.** São Paulo. Cultrix, 1973.

ALVES-MAZZOTTI, A. J. **O método nas ciências naturais e sociais: pesquisa quantitativa e qualitativa**. São Paulo: Pioneira, 1998.

BABBIE, E. **Métodos de Pesquisas de *Survey*.** Belo Horizonte: Editora UFMG, 1999.

BAKER, J.; GREWAL, D.; LEVY, M. **An experimental approach to making retail store environmental decisions**. Journal of Retailing, v. 68, n. 4, p. 445 - 460, 1992.

BASTOS, R. R. **Influência da música ambiente na compra de roupas em lojas**. Trabalho de Conclusão de curso. PUC- SP, São Paulo, 2013.

BEATTY, S. E. and FERRELL, M. E. Impulsive buying: modeling its precursors. **Journal of Retailing**, Vol. 74 No. 2, 1998.

BITNER, M. J. Servicescapes: the impact of physical surroundings on customers and employees. **Journal of Marketing**, v.56, p.57-71, 1992.

BLACKWELL, R. D.; MINIARD, P. W.; ENGEL, j. F. **Comportamento do consumidor.** 8° ed. São Paulo: Thompson, 2001.

BRUNER, J. **Acts of meaning.** Cambridge, MA: Harvard University Press, 1990.

CORDEIRO, D. **Ciência, pesquisa e trabalho científico: uma abordagem metodológica**. 2° ed. rev. Aument. Goiânia: Ed. UCG, 1999.

COVA, B. What postmodernism means to marketing managers. **European Management Journal,** v. 14, n. 5, 1996.

DARPY, D.; VOLLE, P. **Comportements du consommateur.** Paris: Dunod, 2003.

GUPTA, A.K., GOVINDARAJAN, V. e MALHOTRA, A. Feedback-seeking behavior within multinational corporations. **Strategic Management Journal.** 20: 205-222, 1999.

HERRINGTON, J. D.; CAPELLA, L. M. Effects of music in service environments: a field study. **The Journal of Services Marketing.** v.10, n.2, pp.26-41, 1996.

HOLBROOK, M. B.; HIRSCHMAN, E. C. The experiential aspects of consumption: consumer fantasies, feelings, and fun. **Journal of Consumer Researchv.** 9, n. 2, p. 132-140, 1982.

HOLBROOK, M. B. The retailing of perfomance and the performance of service: the gifs of generosity with a grin and the magic of munificience with mirth. In: **Servicescapes: the concept of place in contemporary markets**, John F, Chicado: NTC Business Books, 1998.

KANT, I. **Duas Introduções à Crítica do Juízo**. Org. Ricardo Terra, Editora Iluminuras Ltda: São Paulo, 1995.

KANT, I. **Resposta à pergunta: Que é Esclarecimento?** (Aufklärung). In: Textos Seletos. Tradução e Introdução de Emmanuel Carneiro Leão. 4 ed. Petrópolis, RJ: Vozes, 2008.

KOTLER, P. Atmospherics as a marketing tool. **Journal of Retailing,** v.49, n.4 p,48-64, Winter, 1973.

MALHOTRA, N. K. **Pesquisa de marketing: uma orientação aplicada**. 3. ed. Porto Alegre: Bookman, 2001.

MOWEN, John C., MINOR, Michael S. **Comportamento do consumidor**. 1º edição. Tradução Vera Jordan. Ed. São Paulo: Prentice Hall, 2003.

PERES, V. A**. As contribuições de Adorno para pensar a educação para a autonomia.** Dissertação de mestrado. UCG: Goiânia, 2009.

RICHARD, Y., SPANGENBERG, E. Effects of store music on shopping behavior. **Journal of Consumer Marketing,** Vol. 7 Iss: 2, pp.55 - 63, 1990.

RICHINS, Marsha L. Measuring emotions in the consumption experience. **Journal of Consumer Research,** v. 24, n. 2, p. 127-146, 1997.

SHETH, Jagdihs n: MITTAL, Banwari; NEWMAN, Brucw I. **Comportamento do cliente: indo além do comportamento do consumidor**. São Paulo: Atlas, 2008.

UNDERHILL, Paco. **Vamos às compras: a ciência do consumo**. Rio de Janeiro: Elsevier, 1999.

WILKIE, William L. e MOORE, Elizabeth S. Marketing contribuition to society. **Journal of Marketing,** vol. 63, Special Issue, 1999.

ZANOLLA, Silvia. **Arte, estética e formação humana: possibilidades e críticas.** 1. ed. Campinas, SP: Editora alínea, 2013.

______. Silvia. **Teoria crítica e educação – considerações acerca do conceito de práxis.** In: Revista Educativa, Goiânia: UCG, v.5, n.1, jan/jun/2002.

INTERNET

Aumente suas vendas com a correta seleção de músicas ambiente.
Disponível em: <https://olojista.wordpress.com/tag/musica-ambiente/>
Acessado em 19 de abril de 2015.

Música, cheiro e tecnologia para aumentar vendas. Disponível em:
<http://exame.abril.com.br/marketing/noticias/musica-cheiro-tecnologia-aumentar-vendas-586802>
Acessado em 19 de abril de 2015.

RODRIGUES, T. **Como usar a Música para melhorar as vendas em Lojas e Departamentos comerciais**. Disponível em:
<http://www.mundomax.com.br/blog/usar-musica-melhorar-vendas-lojas-comercio/>
Acessado em 26 de abril de 2015.

SMITH R.A. **Varejo aposta em música para aumentar as vendas**. The Wall Street Journal.
2013 Disponível em:
<http://br.wsj.com/articles/SB10001424052702303932504579254654078414802>
Acessado em 19 de abril de 2015.

TEIXEIRA J. M; HERNANDEZ J. M.C. **Valores de compra hedônico e utilitário: os antecedentes e as relações com os resultados do varejo**. REAd. Rev. eletrôn. adm. (Porto Alegre) vol.18 no.1 Porto Alegre Jan./Apr. 2012. Disponível em:
<http://www.scielo.br/scielo.php?script=sci_arttext&pid=S1413-23112012000100005>
Acessado em 26 de abril de 2015.

A INDÚSTRIA CULTURAL NO CONTEXTO MUSICAL RELIGIOSO

Marcia Rodrigues Trigueiro
&
Eliton Pereira

Resumo: Utilizada em práticas litúrgicas, e hoje, especialmente nas igrejas evangélicas, a música gospel, que a princípio teria a sua função específica intrínseca à religião, apresenta-se também como um seguimento de mercado. Apoiado no pensamento adorniano, esse trabalho buscou investigar a presença da indústria cultural também no contexto religioso, expondo seus aspectos imanentes, bem como, as contradições sociais decorrentes. A indústria cultural que transforma a música em produto para as massas, com fins meramente lucrativos, engendra um consumidor cultural, padronizado e preparado a apreender e a aceitar passivamente os falsos valores imprimidos nos produtos dessa indústria. Por meio de análise de conteúdos de reportagens, entrevistas e grupo focal, a pesquisa procurou compreender as contradições do cenário da música gospel, que apontam a presença da indústria cultural no contexto religioso.

Palavras-chave: Pensamento adorniano, Indústria cultural, Contexto religioso.

INTRODUÇÃO

Esse trabalho buscou identificar a presença de elementos que testificassem a influência da indústria cultural na música gospel, no contexto das igrejas neopentecostais, valendo-se do método dialético a fim de compreender as contradições decorrentes tanto na música como no contexto social em questão.

O percurso histórico do capitalismo aliado ao desenvolvimento das ciências tecnológicas acarretou em mudanças, tanto nos meios de produção, quanto no modo de vida econômico, político, social e cultural das sociedades ocidentais. Nesse cenário, a indústria cultural produz, também em larga escala, a arte para as massas, visando a lucratividade inerente ao mercado. Para mais, a indústria cultural abarca dentre outras manifestações artísticas, a música.

A música sempre esteve presente na vida do homem e nas suas atividades, sejam elas políticas, sociais, econômicas, ou qualquer outra que componha a cultura humana. Entretanto a ascensão da música no universo religioso nas últimas décadas é imprescindivelmente notória.

Nessa pesquisa partimos de uma determinada esfera religiosa, o protestantismo, que segundo Martinoff (2010), dividiu-se em igrejas tradicionais ou históricas, pentecostais e neopentecostais. Esse estudo pontua as igrejas neopentecostais, que têm se tornado objeto de estudos em várias pesquisas acadêmicas e a música presente nessas denominações.

Várias e significativas mudanças ocorreram no meio evangélico, ao longo da história, desencadeando o surgimento de novas práticas e movimentos de grande repercussão sociocultural. Cunha (2007) declara que um dos movimentos mais significativos da história do cristianismo no Brasil tem por nome pentecostalismo[4].

As igrejas neopentecostais se destacam tanto pela influência no crescimento de evangélicos nas sociedades americanas, como também nas práticas das outras igrejas cristãs. Ainda segundo a autora "o crescimento pentecostal passou a exercer uma influência decisiva sobre o modo de ser das demais igrejas cristãs" (Cunha, 2007, p. 84 e 85).

> Para os evangélicos, ele provocou incômodo em relação a um aspecto que marcou as igrejas históricas – a estagnação e o não-crescimento numérico significativo– e promoveu uma espécie de motivação para a concorrência e busca do aumento do número de adeptos. Para os católico-romanos, representou uma ameaça, já que os seus fiéis são alvo do proselitismo pentecostal, o que se manifestou na forma de um declínio numérico. (Cunha, 2007, p.85)

O movimento neopentecostal no contexto contemporâneo tem como coautora a música, que adquire relevância em proporções ainda maiores e a sua presença é fator decisivo e indispensável na prática litúrgica. O movimento neopentecostal se uniu à mídia e ao mercado que diz respeito ao mercado fonográfico, e à comercialização de produtos caracterizados como gospel,

---

[4] "Nesse contexto sociopolítico e econômico, o campo religioso brasileiro experimenta o fenômeno do crescimento dos movimentos pentecostais. Surge um sem-número de igrejas autônomas, organizadas em torno de líderes, baseadas nas propostas de cura, de exorcismo e de prosperidade sem enfatizar a necessidade de restrições de cunho moral e cultural para se alcançar a bênção divina. Baseiam-se também no reprocessamento de traços da religiosidade popular, da valorização da utilização de símbolos e de representações icônicas. Há também um tipo de pentecostalismo mais recente ainda que privilegia a busca de adeptos da classe média e de faixa etária jovem e a música como recurso de comunicação. É formado pelas "comunidades", pelos "ministérios" e outras igrejas independentes. Essa presença dos novos movimentos é percebida no continente principalmente de duas formas: um alto investimento em espaços na mídia e participação política partidária com busca de cargos no poder público". (Cunha, 2007, p.84).

formando a chamada cultura gospel ou mercado gospel (Cunha, 2007). A música evangélica está inserida nesse mercado, mas caracterizada como gospel.

Considerando a mudança de comportamento da sociedade influenciada pelo capitalismo, apontamos nesse trabalho a música gospel que se modificou ao longo da história, e mesmo com oficio no contexto religioso, se transforma em um segmento de mercado, e por sua vez, lucrativo.

O culto litúrgico nas igrejas protestantes, hoje conhecidas como igrejas evangélicas, tem a música como componente essencial. Com mensagens baseadas na fé cristã e nos ensinamentos bíblicos, "a música utilizada no culto atua como elemento de comunhão com o sagrado e também entre os fiéis e, ao mesmo tempo, serve para estabelecer e conservar a identidade do grupo" (Martinoff, 2010, p.72). Com o tempo a música executada nas igrejas evangélicas passou a compor também as emissoras de rádio, ficando assim, conhecida por música gospel (Martinoff, 2010).

A música de entretenimento, essencialmente produzida pela indústria cultural, tendo em vista o capital, se objetiva em manipular também o seu ouvinte, ou seja, tanto o produto é padronizado, quanto o seu consumidor (Adorno e Horkheimer, 2002), nesse caso, consumidor cultural.

Tendo em vista a configuração da música gospel em um segmento de mercado (Martinoff, 2010; Cunha, 2007; Paula, 2012), esta pesquisa propõe atribuir à formação musical, o descerramento de possibilidades a favor da formação crítica, na qual o sujeito tem a possibilidade de alcançar sua autonomia frente aos arranjos capitalistas.

Os objetivos específicos que norteiam essa pesquisa são, utilizando-se de um método dialético como reflexão crítica, identificar elementos que testificam a presença da indústria cultural no contexto da música gospel, e propor a formação musical como instrumento de formação crítica e emancipatória.

Em razão de uma temática relativamente inexplorada, o presente trabalho possui caráter exploratório e descritivo e, apresenta-se com uma abordagem qualitativa por tratar de fenômenos sociais.

A estrutura deste trabalho se divide em três itens. O primeiro momento apresenta as categorias, dialética, indústria cultural e educação musical, expostas a partir de um referencial teórico que sirva de compreensão tanto da historicidade, quanto das relações desses itens com a temática investigada.

Após o apoio teórico, num segundo momento, apresentam-se: a reunião de dez reportagens sobre música gospel que denunciam inversão de valores e alienação no contexto desta música; entrevistas (Szymanski, 2004) e um grupo focal (Gatti, 2012), ambos com sujeitos do universo eclesiástico que trabalham com a música gospel. A interpretação dos dados coletados se deu com uma análise preliminar com base na Análise de Conteúdo de Franco (2012) e Bardin (2011).

Enfim, este trabalho pretende, através da reflexão crítica e dos resultados obtidos na investigação, compreender o papel da educação musical neste contexto e ainda contribuir para que mais pesquisas nessa área despontem e assim, com novas propostas promovam novas possibilidades a favor da autonomia e da criatividade do sujeito.

1 FUNDAMENTAÇÃO TEÓRICA

O referencial teórico a seguir elucida as categorias inerentes ao tema dessa pesquisa: dialética, indústria cultural e educação musical; visando identificar sua conexão com a música gospel, inserida no contexto das igrejas evangélicas neopentecostais.

Assim, servirá de base para compreendermos as contradições sociais nesse contexto e, por fim, realizar propostas de intervenção educativa musical baseada em uma leitura mais consistente deste campo de atuação.

1.1 CONCEPÇÕES DE DIALÉTICA E SUAS VÁRIAS ABORDAGENS

Segundo Konder (1994, p.8) dialética no sentido contemporâneo "é o modo de pensarmos as contradições da realidade, o modo de compreendermos a realidade como essencialmente contraditória e em permanente transformação". Desde a Grécia antiga, entretanto, até os dias atuais, a dialética tomou outras formas complexas.

Um exemplo de pensador dialético na Grécia antiga foi o filósofo Heráclito de Éfeso, que defendia que o ser está em constante mudança e que as realidades opostas se transformam umas nas outras. Para ele a mudança e o movimento nascem do conflito. O filósofo Parmênides, que viveu no mesmo período, pensava diferente, acreditava que a essência do ser nunca muda e que o movimento das coisas é aparente. A linha de pensamento de Parmênides é chamada de metafísica e sendo assim, oposta à dialética (Konder, 1994).

Vários filósofos defenderam a dialética, mas ela permaneceu vencida pela metafísica desde Aristóteles, filósofo que nasceu um século depois de Heráclito, até o período da Renascença (Lakatos e Marconi, 1992). Um dos motivos da metafísica perdurar é que ela era uma linha de pensamento que correspondia aos interesses das classes dominantes, das sociedades divididas em classes, que eram contrárias a mudanças, pois tinham pretensão na conservação de poder e domínio (Konder, 1994).

Georg Wilhelm Friedrich Hegel foi um filósofo importante do retorno ao pensamento dialético. Já no século XVIII, baseando-se nas contradições, Hegel retoma as ideias de Heráclito entendendo que tudo é movimento e mudança, assim, tudo depende de tudo e é relativo ao todo. As contradições fazem parte da mesma realidade, ou seja, o ser e o não ser pertencem à mesma coisa. São opostos, porém, se reconhecem um no outro. Assim, algo sempre será também o seu oposto (Lakatos e Marconi, 1992).

Lakatos e Marconi (1992) afirmam que Hegel submetia a dialética ao espírito, pois mesmo sendo pensador dialético, valorizava em primeiro lugar o espírito, acreditando que as mudanças da matéria acontecem antes no espírito, ou seja, as mudanças que ocorrem no espírito provocam mudanças no universo. Segundo os autores nessa fase do pensamento idealista de Hegel denominou-se dialética histórica, e logo depois dele, o materialismo histórico dialético de Carl Marx e Engels, que concordam com Hegel sobre a realidade estar em constante mudança, porém defendiam que a matéria é quem muda as coisas do espírito e não o contrário.

Rodriguez (2014) afirma que os marxistas entendem que a realidade é objetiva e que a matéria existe antes e independentemente da consciência humana. Diferente do pensamento idealista, a matéria é quem produz o pensamento.

> [...] os homens, ao desenvolverem sua produção material e seu intercâmbio material, transformam também, com esta sua realidade, seu pensar e os produtos de seu pensar. Não é a consciência que determina a vida, mas a vida que determina a consciência. (Marx e Engels *apud* Rodriguez, 2014, p. 138).

Segundo Konder (1994), Marx defende que o trabalho humaniza e capacita o homem a dominar as forças da natureza, mas em contrapartida, há duas motivações que justificam a transformação ou deformação do trabalho em uma atividade de sofrimento: a divisão social do trabalho, ou propriedade privada e, a exploração do trabalho à sombra do mercado capitalista. Com a vantagem de possuir as fontes de produção, alguns homens passam a explorar o trabalho de outros para adquirir mais fontes e mais riquezas. E o homem explorado se deixa influenciar pela perspectiva do explorador. Além disso, a exploração do trabalho se agrava porque os efeitos do capitalismo vão moldando a sociedade conforme seu interesse. Marx e Engels desenvolveram princípios para a dialética instituindo o materialismo histórico dialético como método de compreensão da realidade.

> [...] o materialismo histórico dialético considera a cultura e a identidade
> imbricadas ao trabalho. Mediante o trabalho, o homem transforma a
> natureza, por consequência, as relações econômicas, produtivas e sociais
> propiciam a construção da identidade, bem como a criação e a recriação da
> cultura. (Rodriguez, 2014, p.140).

A realidade é o todo, que é formado por várias partes, e estas devem ser consideradas e analisadas em conjunto e não isoladas ou separadas do todo, correspondendo assim, a totalidade. Rodriguez (2014) expõe que o método materialista histórico dialético julga a realidade sendo essencialmente material e os acontecimentos do mundo e da natureza como variações da matéria em movimento. Segundo o autor o método investiga o elo entre as partes e suas correlações e destaca as leis responsáveis pelo movimento da matéria.

Enxergar a vida dialeticamente é compreender que nada está por acabado e que as questões devem sempre ser postas à prova e à discussão. A dialética propõe colocar a prova paradigmas e restaurar a busca constante de visão e compreensão do universo, da realidade humana, que está sempre em movimento, em transformação (Lakatos e Marconi, 1992).

Em Adorno a dialética continua, por assim dizer, essencial para compreender a realidade, ainda se constituindo de fundamentos contraditórios que se relacionam entre si, porém com destaque a negatividade, ou seja, a negatividade é que movimenta a dialética. Constrói-se então, a expressão Dialética Negativa que se desprende da sua condição afirmativa e assume a negação em caráter contínuo, confrontando a imutabilidade e o finito. A dialética negativa é uma metodologia de reflexão e intervenção à consciência humana deformada pela realidade social refletida do capitalismo tardio (Zuin, Pucci e Oliveira, 2008).

> No sentido estrito do termo, dialética negativa designa a autoconsciência da
> submissão da subjetividade à sua prisão categorial, a crítica da mutilação dos
> indivíduos pelo cativeiro social moldado pelo aparato de auto conservação. A
> meditação, a reflexão "especulativa" preserva a negatividade ante o existente,
> limpando o terreno para um "pensamento de conteúdos". (Musse, 2015, p.
> 1).

Um dos elementos lógicos da dialética negativa é não assumir a identidade como sendo definitiva, pois os conceitos tendem a definir o ser como imutável (Zuin, Pucci e Oliveira, 2008). A identidade na verdade é a largada para chegar ao novo, ao melhor, ao superado. É preciso negar o que sou agora, não negar a minha identidade, mas assumi-la como ponto de partida para um eu melhor. A dialética negativa não faz desaparecer a identidade e sim a muda qualitativamente.

> A degeneração da consciência (que se converte em mitologia) é produto de
> sua carência de reflexão crítica sobre si mesma, a única capaz de fazer calar o
> onipresente princípio de identidade. A falha do pensamento tradicional
> consiste em tomar a identidade em seu objetivo absoluto. (Zuin, Pucci e
> Oliveira, 2008, p.79).

Segundo os autores Zuin, Pucci e Oliveira (2008) Adorno defende que a resistência ao processo de coisificação da consciência começa na reflexão crítica e, que é da falta desta que descende a alienação e a degeneração da consciência. A perspectiva da dialética negativa está voltada para o novo e na investigação da diferença entre pensamento e realidade, e é essa dissemelhança que gera a reflexão crítica responsável pela emancipação e autonomia do homem enquanto ser pensante.

A dialética tem a função de suscitar no homem a reflexão e, por conseguinte o senso crítico, um dos elementos responsáveis por fazê-lo superar a sua concepção de mundo e conquistar o melhor de si continuamente. Sendo válida a toda atividade humana, a dialética questiona a permanência e a durabilidade das coisas, da realidade, do universo (Zuin, Pucci e Oliveira, 2008).

> O conhecimento é totalizante e a atividade humana, em geral, é um processo
> de totalização, que nunca alcança uma etapa definitiva e acabada. (...) Se não
> enxergarmos o todo, podemos atribuir um valor exagerado a uma verdade
> limitada (transformando-a em mentira), prejudicando a nossa compreensão
> de uma verdade mais geral. (Konder, 1994, p.36).

Sendo as instituições religiosas uma atividade do homem, não justifica desvinculá-las da responsabilidade de refletir em direção a novas compreensões e concepções do próprio homem e da sua realidade.

1.2 INDÚSTRIA CULTURAL: O ESCLARECIMENTO COMO MISTIFICAÇÃO DAS MASSAS

Na metade do século XX Adorno e Horkheimer publicaram 'A Dialética do Esclarecimento' (Adorno e Horkheimer, 1985; Borges, 2011). Num período de guerra e massacre vividos na recém-terminada Segunda Guerra Mundial, os autores identificaram a razão instrumental como agente causador de tamanha destruição. O saber científico passa a ser supremo sobre os outros saberes e assumido como verdade absoluta, um tipo próprio de totalitarismo.

O saber e o pensamento científico que seriam a porta de liberdade do homem sobre o mito e instrumento de controle sobre a natureza acabou por ferramenta de dominação do homem sobre outros homens, em troca do poder (Borges, 2011).

O progresso técnico permite que as forças produtivas sejam privilégio de poucos e assim, aqueles que não as possuem se veem coagidos a negociar o objeto de troca que dispõem a mão de obra humana. Aqueles que detêm o saber detêm também domínio sobre a natureza, contudo caminham numa linha estreita de opressão e dominação sobre a sua própria espécie. O que seria esclarecimento, na verdade foi ferramenta de alienação. No lugar da liberdade a sujeição (Borges, 2011).

1.2.1 **Indústria Cultural e Fetichismo da Mercadoria**

O avanço tecnológico gera mudança nas forças produtivas, resultando no processo de Revolução Industrial, e assim, emergindo o chamado capitalismo industrial. A necessidade de se produzir em grande escala, com prioridade soberana no lucro, gera mudanças no modo de produção, afetando diretamente o modo de vida da sociedade.

O caráter e as leis do capitalismo refletem no homem, o influenciando e o transformando em produto, em mercadoria (Adorno e Horkheimer, 2002). Tudo se torna produto de troca, com valores de troca, valores submissos aos interesses do mercado capital. O trabalho do homem, inclusive, a sua mão de obra e, não obstante, até mesmo as relações humanas refletem esse decurso. O sujeito agora é o objeto, processo denominado de consciência reificada ou coisificação da consciência.

Por conseguinte, os reflexos do capitalismo industrial atingem também a esfera das artes. Nesse momento nasce a discussão sobre a indústria cultural, conhecida também como cultura de massa, que confere a todos os seguimentos de manifestação artística: música, artes plásticas, cinema.

elaborado não mais segundo o padrão e a escala do trabalho artesanal, mas conforme o esquema capitalista de produção de mercadorias, no qual o valor de uso é reduzido à condição de mero suporte do valor de troca. (Musse, 2015, p. 215).

A produção artística passa a ser reproduzida em grandes quantidades para chegar a toda sociedade, ou seja, a arte convertida em produto de consumo para as massas. A concepção é popularizar a arte, suscitando assim, consumidores culturais.

Sobre o sistema de produzir cultura para as massas, transformar a arte em mercadoria, trata-se efetivamente de um negócio e os lucros adquiridos por essa produção confirmam a intenção de manipular a necessidade e o gosto dos consumidores. Não obstante, a indústria cultural se justifica por possibilitar à grande massa, o acesso à arte e à cultura (Adorno e Horkheimer, 2002).

Os setores responsáveis por essa produção apesar de privativos são correlatos entre si e também cointeressados. Eles buscam difundir o que produzem, padronizando também os consumidores. A indústria cultural controla o que deve ser fabricado, separa as classes e determina qual delas deve consumir cada produto (Adorno e Horkheimer, 2002).

> Na realidade, o marco da indústria cultural está na alta capacidade de falsamente democratizar o acesso a bens duráveis e culturais no sentido de enfraquecer o espírito crítico, bem como de combalir a organização coletiva combativa contra o sistema. Isso, enfim, abrange o investimento em uma formação de mentalidade que ressoa no condicionamento de sujeitos adaptados e conformados. (Zanolla, 2013, p.103).

Surge então, nesse contexto, a propaganda que, através da televisão e do rádio, das imagens e sons, sugerem valores, significados e primazia aos produtos de venda, conduzindo o indivíduo a receber e a aceitar como sendo verdade e ainda, sem reflexão precedente, consumindo assim, cada vez mais. O valor da arte agora corresponde ao valor de troca agregado, o valor que ela recebeu. Valor este que a indústria cultural ajusta. A propaganda é o grande colaborador dessa indústria, buscando homogeneizar a sociedade e a abolir a diferença, fazendo desta a condição para a exclusão. (França, 2008).

O artista e sua obra de arte são submetidos às imposições que estabelecem os limites de criação. As condições para entrar e as condições para permanecer no mercado - tais expressões, inclusive, são engendradas da economia capitalista, e partilhada pela Indústria Cultural - determinam o estilo e o caráter da obra, alterando a sua originalidade. Até mesmo o perfil do artista é pré-estabelecido.

Enfim, são exigências que interferem no verdadeiro significado do fazer artístico, na intenção e motivação do artista em sua criação. A autonomia do artista é restrita e todo esse processo acaba interferindo o real sentido da obra de arte e da arte em si.

Nesse contexto, a música ao ser apropriada por seus algozes, corrobora a massificação do gosto e a consequente perda da individualidade na produção artística, influenciando negativamente a relação entre arte e sociedade, interação que, pelo menos, deveria apontar para a emancipação e a plenitude do belo. (França, 2008, p.5).

Adorno (1983) fala que os produtos da Indústria Cultural subestimam a capacidade intelectual do espectador e atrofiam a "imaginação e a espontaneidade do consumidor cultural", ou seja, vetam a atividade mental. São produtos que vão exigir do espectador exatamente o que a Indústria Cultural quer que ele apreenda. Nada mais que não o faça conceber aquele produto como sendo fruto da sua escolha.

1.2.2 Indústria Cultural no Brasil e na Música Gospel

A arte perde o seu significado próprio e passa a servir o capitalismo e as suas fontes de produção. Nesse sentido, a arte é entretenimento, um instrumento de gerenciamento do capitalismo no tempo livre do trabalhador para reconduzi-lo à sua produção, descansado e renovado da exaustão da rotina diária de trabalho. E assim, encorajando-o continuar a produzir para o capital e, mais que isso, silenciando-o e o confinando à passividade (Adorno e Horkheimer, 2002).

O pensamento de Adorno correspondia uma realidade social ocidental vivida no meio do século passado, porém o que não se pode negar é a compatibilidade que existe sobre vários aspectos dos dias atuais. A música não apenas é um objeto de entretenimento, mas um meio e um produto do capital e, aqueles que movimentam esse mercado, não escondem seus objetivos em lucrar.

Fazendo um recorte à indústria cultural musical, o mercado fonográfico é um dos setores responsáveis pela produção e difusão da música à sombra do capitalismo e impreterivelmente conexo a essa indústria. No Brasil existe a Associação Brasileira dos Produtores de Discos - ABPD, criada em 1958. No site da ABPD (2016) diz que ela é afiliada e atua como grupo nacional no Brasil, da Internacional *Federation of the Phonographic Industry* - IFPI. Segundo o mesmo site o mercado brasileiro de música gravada movimentou em 2014 quase R$600 milhões de reais somente de vendas de CD's e DVD's e vendas pela internet (ABPD, 2016).

Segundo Adorno (1983) a música produzida para entretenimento, e claro que, com objetivos capitais, se veste de uma fachada de variedade e, aproveitando-se do prazer do momento, usa de encantamento dos sentidos, vencendo e aniquilando a liberdade de decisão do ouvinte.

Assim a Indústria cultural da música, norteia os meios de criação modificando-os progressivamente, como também a própria música, subjugando-a a sua divulgação por meio dos veículos de comunicação – a indústria da propaganda – condicionando-a ainda, à aceitação pública, que é predeterminada, e neutralizando a capacidade de escolha e apreciação daqueles que a consomem.

Desde a sua Ascenção, "o mercado capitalista vive em permanente expansão, o capital tende a ocupar todos os espaços que possam lhe proporcionar lucros" (Konder, 1994, p.34). Nessa perspectiva podemos destacar aqui o crescimento da indústria fonográfica gospel, a mídia e o avanço do chamado mercado gospel.

A princípio, a música gospel se deu com cristãos negros norte-americanos no século XIX. As primeiras composições eram de escravos, que enxergavam na música e na religião uma oportunidade de estarem com suas famílias e com os outros negros, todos excluídos da sociedade branca; essas composições possuíam espontaneidade e cunho emocional (Martinooff, 2010).

A música gospel perdurou até os dias atuais e apesar da ser apreciada essencialmente na comunidade evangélica, sua presença tem avançado junto a toda sociedade. Ela está presente nas escolas e nas universidades, nos conservatórios de música, seja como proposta educativa utilizada por algum professor ou até mesmo por ser escolha em repertórios dos corais, seja pela vivência de estudantes evangélicos que também comportam as instituições mencionadas. Ademais, a presença da música gospel se dá também nos veículos de comunicação como as rádios, a televisão, a internet.

Sob a ótica capitalista, há também um crescente interesse econômico de todo o material envolvido. Delimitando-se aqui ao segmento, "estima-se que o "mercado evangélico" no país, movimente mais de três bilhões de reais por ano e crie dois milhões de empregos diretos e indiretos" (Martinoff, 2010). Para Cunha (2007) existe uma transformação desses cristãos em um tipo de seguimento de mercado.

A indústria cultural não apenas impõe suas condições à música, mas também na sociedade que consome sua produção e acata suas premissas sem se questionar e refletir nas escolhas que lhes são predeterminadas por terceiros. As igrejas neopentecostais, fazendo um uma restrição, nesse momento na pesquisa em questão, são vítimas dessa indústria de artes para as massas, pois influenciadas por sistemas de produção musical em escala industrial, que passam por cima de valores da própria instituição, se sujeitam à sua "verdade" e sem questionamento ou reflexão se tornam alvos fáceis de manipulação do mercado capitalista.

1.3 DIALÉTICA E INDÚSTRIA CULTURAL NO CONTEXTO RELIGIOSO

A partir das ideias de Adorno (1983), reportando-nos às igrejas neopentecostais, como sendo o contexto religioso pensado, para essa pesquisa, a música gospel tem sido moldada pela indústria cultural e ao mesmo tempo integrado as atividades dessas instituições e a vida cotidiana dos seus fiéis.

A reflexão está na verdadeira função dessa música de entretenimento que a indústria cultural produz com meros fins lucrativos, com mensagem e princípios que servem a indústria e não o sentido da música em si e dos princípios próprios e originais às práticas litúrgicas. "O empenho dessa indústria centra-se na capacidade de se inverter valores, significados de ideias e conceitos, ao mesmo tempo em que objetiva a produção e o consumo desmedidos" (Zanolla, 2013, p.103). De modo consequente, a manipulação do gosto, das escolhas, e a decorrente transferência de valores capitais não só à cultura religiosa, como à sociedade.

Para mais, Nogueira (2014) reflete sobre os tipos de ouvintes apontados por Adorno, que destacava o ouvinte de entretenimento como sendo o mais numeroso, pois este sustenta e fortalece a indústria cultural na sociedade capitalista. "o ouvinte do entretenimento é aquele pelo qual se calibra a indústria cultural, seja porque ela o engendra ou o traz à tona." (Adorno *apud* Nogueira, 2014 p. 307).

A perspectiva dessa pesquisa está voltada à compreensão de que suscitar o pensamento crítico reflexivo, elemento favorável à formação do sujeito, serve como esforço e tentativa de enriquecer a prática religiosa sobre suas próprias concepções e sobre seus próprios valores, impedindo ou dificultando que estes sejam interferidos ou modificados por questões, internas ou externas, que geram engano ou alienação. Assim,

> o processo formativo deve estimular a negação e até mesmo a repulsa a toda tentativa de manipulação e produto cultural alienante. Alcançado esse ponto, seria possível falar com clareza em uma sociedade de emancipados, em que os indivíduos tomam para si mesmos a responsabilidade de construir os paradigmas políticos e culturais. Eis, aí, o propósito mais significativo da

educação, para o qual ela deve operar com todas as suas forças. (Silva e Sena, 2015, p.181).

A reflexão crítica está para o pensamento de resistência que oportuniza a autonomia e da consciência humana, do decidir com real liberdade de escolhas.

Considerando o crescimento do mercado gospel e do seu principal produto, a música gospel, não deixando de mencionar a presença desta última na prática litúrgica, no louvor da igreja, questiona-se o seu significado real enquanto instrumento de adoração no serviço religioso e as mudanças ocasionadas por esse contexto.

> (...) a prática educativa da comunidade certamente será instrumento eficaz para garantir coerência, qualidade e compromisso diante do atual contexto cultural religioso, sem desprezar ou desqualificar as novidades, mas, sim, como diz o apóstolo Paulo, "retendo o que é bom". (Cunha, 2007, p. 93).

A educação musical voltada para a formação e aliada aos fundamentos cristãos para as atividades da igreja pode fazer com que essas comunidades não cedam facilmente às imposições externas que o mercado introduz aos valores e princípios que norteiam a igreja e a fundamentam.

1.4 EDUCAÇÃO MUSICAL NA PERSPECTIVA DE FORMAÇÃO E EMANCIPAÇÃO

Para Kater (2004) a educação musical pode auxiliar no processo de formação do indivíduo e oferecer novas concepções de formação humana.

> Música e educação são, como sabemos, produtos da construção humana, de cuja conjugação pode resultar uma ferramenta original de formação, capaz de promover tanto processos de conhecimento quanto de autoconhecimento. Nesse sentido, entre as funções da educação musical teríamos a de favorecer modalidades de compreensão e consciência de dimensões superiores de si e do mundo, de aspectos muitas vezes pouco acessíveis no cotidiano, estimulando uma visão mais autêntica e criativa da realidade. (Kater, 2004, p.44).

Segundo Grandisk a perspectiva do teórico Adorno é que "a formação está como tarefa filosófica e ética para que o ser humano se emancipe e conquiste seu espaço social, cultural, político, por meio do saber e do conhecimento" (Grandisk, 2010, p.105).

Faz relevante tomar como referência, "os fatores culturais e educacionais que podem conferir ao homem estatuto de ser social, de modo que esse se reconheça e seja reconhecido como humano, como um sujeito da maioridade" (Zanolla, 2013, p.324).

Nesse sentido, a educação musical pode ser instrumento de formação, a caminho da emancipação do sujeito frente à alienação imposta pela indústria cultural e pelo processo massificador do capitalismo.

O empenho educativo da música deve caminhar em favor da liberdade de consciência, que Adorno (Grandisk, 2010) chamou de formação de consciência e da emancipação do sujeito do arranjo capitalista em que está inserido.

Não se trata de isolar-se do que é produzido dessa indústria cultural, até mesmo porque diz respeito a um elemento histórico e que está agregado ao contexto religioso neopentecostal, já salientado aqui, ou seja, um elemento cultural intrínseco.

Discorre-se do refletir em busca de identificar meios que poderão ser percebidos e aplicados na educação musical para o curso de um sujeito consciente e livre.

2 METODOLOGIA

Esta pesquisa se configurou em uma abordagem qualitativa de pesquisa social (Rodriguez, 2014), pois buscou compreender, em uma perspectiva crítica, as contradições presentes em um determinado contexto social e cultural. Acredita-se que por meio desta abordagem científica seja possível alcançar os objetivos compreensivos e, mediante os dados teóricos e empíricos, elaborar propostas de intervenção educativa musical no contexto estudado.

A base teórica da pesquisa serviu como elemento de reflexão comparativa e explicativa sobre dados que coletamos no campo social em três contextos específicos:

1) Dez reportagens sobre música gospel;

2) Entrevistas com sujeitos do universo eclesiástico que coordenam grupos musicais em igrejas evangélicas neopentecostais;

3) Um grupo focal com músicos membros de grupos musicais, também pertencentes a igrejas evangélicas neopentecostais.

Todos os participantes, tanto das entrevistas, quanto do grupo focal, trabalhavam com a música gospel, nas atividades que desenvolvem em suas igrejas.

A opção pelos distintos dados se deu com a intenção de, através de uma reflexão acerca dos dados apresentados e como cada um desses campos têm se relacionado com a temática, chegar a uma melhor compreensão do campo da música no contexto gospel e assimilar o papel da educação musical sob tais circunstâncias.

O cruzamento de dados entre a pesquisa documental e a pesquisa no campo social foi fundamental para compreender como se configuram os desafios neste contexto de atuação do educador musical e como se configurariam as propostas formativas nesta área.

2.1 DEZ REPORTAGENS SOBRE MÚSICA GOSPEL

Elaboramos uma pesquisa documental em publicações retiradas de revistas e jornais eletrônicos, reportagens que manifestam como a música gospel tem se identificado com os procedimentos mercadológicos da indústria cultural. Foram reunidas dez reportagens em questão. As reportagens estão identificadas por letras A1, A2, A3, A4, A4, A6, A7, A8, A9, A10.

Esta etapa foi realizada seguida de uma análise preliminar com base na metodologia de Análise de Conteúdo de Franco (2012) e Bardin (2011). A análise de conteúdo é uma metodologia segura para interpretação de dados verbais e/ou simbólicos e produção de inferências a partir dos procedimentos de tratamento de dados das mensagens, dos discursos e de qualquer processo comunicativo.

2.2 ENTREVISTAS COM SUJEITOS DO UNIVERSO ECLESIÁSTICO QUE TRABALHAM COM A MÚSICA GOSPEL

Foram realizadas entrevistas com 6 sujeitos do universo eclesiástico que trabalham com a música gospel. Eles são identificados como "líderes de louvor", pois lideram grupos musicais responsáveis pelo momento musical na prática litúrgica das igrejas evangélicas neopentecostais. Entre as atividades que exercem nesses grupos musicais estão a de conduzir os ensaios do grupo de louvor e decidirem o repertório para o ensaio e consequentemente à execução na igreja durante a celebração dos cultos.

A finalidade das entrevistas, conduzidas de acordo com as orientações metodológicas de Szymanski (2004), foi extrair dados que revelassem nas respostas dos entrevistados a influência da indústria cultural gospel no trabalho desses músicos, como eles possivelmente criam situações para a religião a partir desta influência musical e ainda, verificar como uma proposta formativa poderia contribuir para o desenvolvimento destes músicos.

Essas entrevistas foram estruturadas com 5 questões, e aplicadas preservando em sigilo a identidade dos participantes. Cada entrevista foi gravada e em seguida transcrita. As perguntas elaboradas para as entrevistas foram:

1. Você estudou música ou fez algum curso para participar do grupo musical da igreja, a equipe de louvor? Como você ingressou no trabalho de música na igreja?

2. De onde você seleciona as músicas para usar na igreja durante o culto e qual o critério?

3. Cite 10 músicas que você usou nos últimos anos no momento de louvor na igreja.

4. Qual o seu maior objetivo como líder de louvor?

5. Você acredita que uma formação musical traria mais contribuição para o trabalho na igreja?

Para analisar os dados coletados nestas entrevistas também empregamos uma Análise de Conteúdo de Franco (2012) e de Bardin (2011), de modo a interpretar as respostas dos músicos entrevistados. O objetivo foi compreender como estas respostas se enquadram contextualmente, no campo dialético, que tenciona: Alienação – pela via da influência da indústria cultural gospel e possibilidade de Emancipação – pela via do desenvolvimento formativo crítico e a criatividade em potencial.

Identificamos os entrevistados por letras: A1, A2, A3, A4, A5 e A6; totalizando seis entrevistados.

2.3 GRUPO FOCAL COM MÚSICOS MEMBROS DE GRUPOS MUSICAIS EM IGREJAS EVANGÉLICAS NEOPENTECOSTAIS

Como terceiro dado para esta pesquisa, foi elaborado um grupo focal fundamentado nas orientações metodológicas de Gatti (2012). Os participantes envolvidos no grupo focal têm em comum o fato de serem músicos atuantes em igrejas evangélicas neopentecostais, e desenvolverem como tarefa principal a de conduzir o louvor. Esses músicos são conhecidos na comunidade em questão como "ministros de louvor". Por vivenciarem em suas vidas cotidianas tanto a música que é ministrada na prática da igreja, quanto o processo de escolha desta música, entendemos que os envolvidos corresponderiam à expectativa em se desenvolver o grupo focal para a pesquisa no campo social.

O grupo focal é procedimento muito utilizado em pesquisas de abordagem qualitativa (Gatti, 2012). Através das respostas e das opiniões, partindo das experiências de cada participante que trabalha com música na igreja, foi possível elaborar um caminho de compreensão correspondente à temática envolvida.

O registro do grupo focal foi feito por meio de gravação em áudio e a identidade dos participantes mantida em sigilo. No início da discussão, foi feita uma breve explicação sobre como funcionaria o grupo. Cada participante antes de responder à pergunta da vez, se identificava com um número, para que no momento da análise dos dados fosse possível a separação das respostas correspondentes aos indivíduos. O grupo foi estruturado com dois momentos de perguntas. O primeiro com 5 questões fechadas, as mesmas da técnica de entrevista, e o segundo com 2 questões referentes à formação musical na prática desses integrantes como músicos no trabalho da igreja, e ainda uma terceira pergunta referente a indústria cultural musical gospel.

O primeiro momento de perguntas foram as seguintes questões:

1 Você estudou música ou fez algum curso para participar do grupo musical da igreja, a equipe de louvor? Como você ingressou no trabalho de música na igreja?

2 De onde você seleciona as músicas para usar na igreja durante o culto? Qual o critério?

3 Cite 10 músicas que você usou nos últimos anos no momento de louvor na igreja.

4 Qual o seu maior objetivo como líder de louvor?

5 Você acredita que uma formação musical traria mais contribuição para o trabalho na igreja?

O segundo momento de perguntas foram as seguintes questões:

1 A partir da sua experiência com a música na igreja, relate qual é a visão que você tem da presença da formação musical nos grupos musicais na igreja?

2 O que sabem sobre indústria cultural musical gospel?

Os sujeitos participantes foram identificados por letras: B1, B2, B3, B4. Totalizando quatro participantes do grupo focal.

Os dados das reportagens, das entrevistas e do grupo focal foram submetidos a uma análise mais detalhada realizada no item 3, próximo item.

3 ANÁLISE E INTERPRETAÇÃO DOS DADOS

3.1 ANÁLISE DE CONTEÚDO DAS REPORTAGENS VIA CATEGORIAS: DIALÉTICA, INDÚSTRIA CULTURAL E EDUCAÇÃO MUSICAL

Na tabela 1, a seguir, estão organizadas as reportagens reunidas, mencionadas no item 2 deste texto, identificando o título, o autor e o link de cada reportagem. Para o tratamento de dados, estão expostas na tabela algumas frases que relacionam com as categorias definidas para a pesquisa: dialética, indústria cultural e educação musical.

Tabela 1 – Análise preliminar das reportagens

IDENTIFICAÇÃO		
	TÍTULO	AUTOR
A1	Música gospel: trinado, fé e dinheiro.	Rodrigo Levino - *VEJA*
Link	http://veja.abril.com.br/noticia/entretenimento/musica-gospel-trinados-fe-e-dinheiro	
A2	A rotina dos popstars da fé.	João Loes e Rodrigo Cardoso *Isto é Independente*
	http://www.istoe.com.br/reportagens/209097_A+ROTINA+DOS+POPSTARS+DA+FE	
A3	Mercado evangélico faz girar cerca de R$ 15 bi por ano com vendas de CDs e vestuário	Diego Amorim *Correio Braziliense*
Link	http://www.em.com.br/app/noticia/economia/2014/01/30/internas_economia,493161/mercado-evangelico-faz-girar-cerca-de-r-15-bi-por-ano-com-vendas-de-cds-e-vestuario.shtml	
A4	O gospel é a próxima onda brasileira, diz executivo que lançou Michel Teló	Pedro Carvalho *Rádio UOL*
Link	http://musica.uol.com.br/noticias/redacao/2014/02/11/o-gospel-e-a-proxima-onda-brasileira-diz-executivo-que-lancou-michel-telo.htm	
A5	Com crescimento de 15% ao ano, Música Gospel brasileira ganha novo selo voltado ao estilo	Lizandra Pronin *Território da Música*
Link	http://www.territoriodamusica.com/noticias/?c=34913	
A6	Música gospel abraça diversos estilos e cria segmento de mercado atraente e lucrativo	Dan Martins *Gnotícias*
Link	http://noticias.gospelmais.com.br/musica-gospel-segmento-mercado-atraente-lucrativo-96768.html	
A7	Mercado da música gospel movimenta R$ 1,5 bilhão e atrai gigantes do mercado fonográfico	Tiago Chagas *Gnotícias*
Link	http://noticias.gospelmais.com.br/mercado-musica-gospel-movimenta-bilhao-atrai-gigantes-78668.html	
A8	O gospel se abre ao rap, reggae e eletrônica em busca de renovação.	Carlos Albuquerque *O Globo*
Link	http://oglobo.globo.com/cultura/musica/o-gospel-se-abre-ao-rap-reggae-eletronica-em-busca-de-renovacao-17176884	
A9	Do funk ao eletrônico: artistas dão nova cara à música gospel.	Tiago Dias *UOL*

Link	http://musica.uol.com.br/noticias/redacao/2015/09/15/do-funk-ao-eletronico-artistas-dao-nova-cara-a-musica-gospel-conheca.htm	
A10	Globo faz 5° edição de seu festival gospel "particular"	Ricardo Feltrin *UOL*
Link	http://tvefamosos.uol.com.br/noticias/ooops/2015/10/01/globo-faz-5-edicao-de-seu-festival-gospel-particular.htm	

CATEGORIAS (não compareceu a categoria educação musical)		
	DIALÉTICA	INDÚSTRIA CULTURAL
A1	(...) "o mercado gospel alia fé e louvor para produzir dinheiro". (...) "todos os dias, as igrejas recebem novos convertidos, que passam a consumir vorazmente os produtos evangélicos. E a música é o carro chefe deles".	(...) "como maior produtora de cultura do país, [a Globo] não pode ficar indiferente à força artística da música gospel".
A2	Mas como vivem essas pessoas, divididas entre a pureza da mensagem divina e a lógica violenta do mercado? Como administram fé, carreira artística, vida religiosa, família, viagens, fãs, sucesso e dinheiro?	Nomes como Aline Barros, Ana Paula Valadão e Regis Danese são verdadeiras potências capazes de arrastar centenas de milhares de pessoas a shows, cruzar barreiras religiosas e vender milhões de discos e DVDs.
A3	O segmento gospel é o principal responsável pela sobrevida da indústria fonográfica.	Não à toa, a Sony Music criou, em 2010, um selo específico para a música evangélica no Brasil.
A4	O que eu quis dizer é que é necessário abrir com muito cuidado essa porta. Primeiro porque você está tratando com a fé das pessoas. Não é só música, arte e dinheiro. É arte, dinheiro e fé. Você tem a oportunidade de trabalhar com uma coisa relevante para milhares e milhões de brasileiros.	O hit do mercado gospel é muito diferente do hit no mercado secular? Ele tem alguns dos mesmos elementos. Você precisa de uma melodia simples que apele para uma grande massa de pessoas e a harmonia também costuma ser simples. Generalizando, claro. Nem toda harmonia é simples, nem toda melodia é pouco sofisticada. Mas, como regra geral, essas são as grandes músicas que emplacam. Essas são coisas em comum entre a música evangélica e a música secular.
A5	Reunindo mais de um estilo musical em torno de um conceito o de canções com temática evangélico-cristã o gospel passou a ser uma fatia considerável do mercado e tem chamado a atenção já há alguns anos.	Com vistas no poder de compra do consumidor evangélico, até a Rede Globo investiu pesado no mercado criando uma programação de eventos voltados para o público alvo nos últimos anos.
A6	Jerferson Baick falou também sobre a controvérsia entre a lógica mercadológica e a fé cristã, que é motivo para críticas dentro e fora das igrejas evangélicas. – No meu ponto de vista, devemos encarar essa relação sem tabus. Antigamente, as pessoas olhavam a nomenclatura 'mercado' de forma negativa, mas é um mercado. A compreensão disso facilita muito a qualificação do artista.	Porém, a grande vantagem da música gospel está no engajamento de seu público, o que reflete diretamente nos números de vendas.
A7	"O gospel se firmou como uma força no mercado fonográfico. E tem buscado a renovação para atingir um número cada vez maior de pessoas. Os artistas mais novos aprenderam que têm que buscar outras formas	O crescimento constante e chamativo da música gospel despertou o interesse de gigantes do mercado fonográfico, como as multinacionais Universal Music e Sony Music, além da brasileira Som Livre, do

	de se comunicar com o público, além daquele discurso tradicional", comenta Maurício Soares, diretor artístico do selo gospel da Sony Music.	Grupo Globo.
A8		A repercussão nas redes sociais do trabalho de artistas como o DJ PV tem sido usada como medida para o mercado fonográfico avaliar o alcance de suas novas "ovelhas", como explica Fernando Lobo, gerente de A&R da Som Livre.
A9	Com clipes bem dirigidos, letras de adoração menos óbvias e aposta na estética jovem que faz sucesso no mercado secular (termo muito utilizado nas igrejas para determinar o mercado fora delas), esses artistas têm chegado a um público até então distante da igreja.	Não é de hoje que a indústria musical gospel está aberta a novos artistas e gêneros.
A10		No dia 7 de novembro, em São Paulo, a TV Globo realiza mais uma edição do "Festival Promessas", dedicado à música gospel. Ou melhor, dedicado à música gospel desde que ela seja contratada da Som Livre (Grupo Globo) ou da Sony Music (principal parceira da Globo na área musical).

A primeira categoria analisada foi a dialética. O fator contraditório está presente nas reportagens que imprimem o louvor, uma prática litúrgica da igreja neopentecostal em questão, utilizada como elemento de impulsão de mercado. A reportagem A1, tanto o título quanto as frases separadas para análise justificam essa assertiva: "Música gospel: trinado, fé e dinheiro"; "o mercado gospel alia fé e louvor para produzir dinheiro" e ainda "todos os dias, as igrejas recebem novos convertidos, que passam a consumir vorazmente os produtos evangélicos".

Infere-se dessas frases a transformação da prática religiosa, que é uma atividade humana histórica, relevante à cultura e aos princípios culturais de uma sociedade, se transformando em fonte de provisão de uma economia de mercado.

Ao analisar as frases retiradas das notícias, percebe-se com notoriedade a conexão predominante com a indústria cultural. Na tabela 1 todas as reportagens preenchem a categoria em questão.

A produção artística produzida em grande escala, seguindo o esquema capitalista e submetendo tanto a obra de arte, quanto o artista ao valor de troca, pode ser identificado na reportagem A4, na frase "Você precisa de uma melodia simples que apele para uma grande massa de pessoas e a harmonia também costuma ser simples", ditando como deve ser a música produzida pelo artista gospel. Refere-se, portanto, que o produto, a música gospel, para alcançar êxito no gosto das pessoas e consequentemente atingir as vendagens almejadas, deve se encaixar nos moldes do mercado.

Ainda sobre a fala presente na reportagem A4, que a melodia e a harmonia da música em questão, devem ser simples, testifica o que Adorno diz sobre o produto da Indústria Cultural, que é feito "de modo que a sua apreensão adequada exige, por um lado, rapidez de percepção, capacidade de observação e competência específica, e por outro é feita de modo a vetar, de fato a atividade mental do espectador" (Adorno e Horkheimer, 2002, p.173). Nesse sentido há uma subestimação do consumidor e manipulação no seu gosto e escolha, pré-determinados pela Indústria Cultural.

Quando Adorno (1983) fala sobre a transformação da música em mercadoria, referindo-se ao fetichismo da música, ele alega que os grandes veículos de comunicação são correlatos à indústria cultural servindo-a na divulgação e distribuição da sua produção às massas. Isso se confirma na reportagem A1, (...) "como maior produtora de cultura do país, [a Globo] não pode ficar indiferente à força artística da música gospel".

Se o produto é famoso então ele ganhou o gosto do consumidor. O objetivo, portanto, é fazer com que essa música seja conhecida por todos. Quanto mais conhecida a música for, mais as pessoas gostam dela. Essa afirmação está presente no noticiário A7 na frase: A repercussão nas redes sociais do trabalho de artistas como o DJ PV tem sido usada como medida para o mercado fonográfico avaliar o alcance de suas novas "ovelhas". Ou seja, é importante para a indústria cultural que a música se torne famosa, conhecida por um número expressivo de consumidores.

As reportagens reunidas para essa pesquisa foram retiradas da internet. E as revistas responsáveis pelas reportagens visam a disseminação do seguimento. O próprio noticiário funciona como um instrumento de divulgação para o segmento de mercado em que a música gospel se tornou. As chamadas das reportagens e os títulos já denunciam essa intenção: "Música gospel abraça diversos estilos e cria segmento de mercado atraente e lucrativo" (reportagem A6); ou "O gospel é a próxima onda brasileira, diz executivo que lançou Michel Teló" (reportagem A1).

Assim justifica a ausência da categoria educação musical, como visto na tabela 1. As empresas que divulgam essas reportagens demonstram interesse na indústria cultural e pouco se dedicam à formação, à educação musical.

Não foi possível identificar uma relação com a categoria educação musical, justamente porque o interesse desses grandes veículos de comunicação está na homogeneização e a padronização do gosto. A educação musical remete à formação, a autonomia, a criatividade e, por conseguinte a reflexão crítica do sujeito que possibilita a não instrumentalização.

3.2 ANÁLISE DE CONTEÚDO DOS QUESTIONÁRIOS VIA CATEGORIAS: DIALÉTICA, INDÚSTRIA CULTURAL E EDUCAÇÃO MUSICAL

As entrevistas aconteceram com pessoas que vivem em sua prática religiosa a música gospel. Todos atuam como líderes de grupos musicais em suas respectivas igrejas. Eles coordenam os ensaios e decidem o repertório a ser ensaiado que depois será tocado nos cultos. A maioria dos entrevistados se dedica ao serviço religioso voluntariamente.

Na tabela 2, logo a seguir, foram organizados os principais dados coletados das entrevistas. Na composição da tabela 2 estão dispostos o perfil dos entrevistados (idade e formação escolar, o tempo de atuação no serviço religioso e a habilidade musical praticada no trabalho da igreja) e as categorias: Dialética, Indústria Cultural e Educação Musical.

Tabela 2 – Análise preliminar das entrevistas

	PERFIL		
	Idade e formação escolar	Tempo de atuação	Instrumentos de atividade dos músicos
A1	35 anos/ 2° grau	17 anos	Baixo eletrônico, saxofone e voz.
A2	50 anos./ 2° grau	33 anos	Teclado, baixo eletrônico, e voz.
A3	40 anos/ 2° grau	18 anos	Teclado e voz
A4	33 anos/ superior	12 anos	Violão/ voz
A5	Superior/ 39 anos	20 anos	Teclado e Voz
A6	Superior incompleto/ 32 anos.	15anos	Violão, teclado e voz.

	DIALÉTICA	INDÚSTRIA CULTURAL	EDUCAÇÃO MUSICAL
A1		"Seleciono as músicas da internet" (...) "o que está acontecendo no momento na música gospel".	Formar outras equipes
A2	(...) "preparar as pessoas para servirem a Deus e andar com Deus através da música"	"Eu tento escolher músicas que a letra seja forte e verdadeira". "Que faça parte do dia a dia da gente". "Procuro me inteirar daquilo que está sendo a atualidade".	"Tudo que eu sei e que eu faço hoje, mais ou menos de autodidata" (...) "deixar uma geração de músicos".
A3		"Veículos de comunicação. Primeiro impacto, você escuta, você gosta. Além do critério de estar sendo muito tocada, muito cantada também, tem esse critério". "Por está no mercado, como se diz, está em evidência essa música. Esse critério".	"Eu entrei sem fazer curso".
A4	"Meu maior objetivo como ministro de	"Tem umas músicas que são corinhos antigos para a igreja, mas	"E a música também como ferramenta que utilizamos como

	louvor é criar um senso crítico nas pessoas que estão em minha volta. De saber escolher repertório que façam as pessoas refletirem e uma das maiores preocupações minha hoje, atualmente, é que o "eu" está muito presente nas músicas, e o nós foi deixado a bastante tempo de lado.	tem umas que são atuais, que são essas que são gravadas mais atualmente".	ferramenta de evangelização como ferramenta de anunciação das 'boas novas' ela também precisa ser melhorada, precisa ser qualificada; ela precisa ser descoberta de uma forma musical".
A5	(...) "é levar a equipe a entender o que ela faz. Louvor não é só cantar".	"São selecionadas de acordo com a temática do culto, podendo ser direcionado pelo líder superior que vai conduzir o ou não". (...) "às vezes ouve na rádio".	"Tem que ser um conjunto. Quando a gente estuda música a gente sempre vê falar na excelência. Não adianta a pessoa dizer "ah, meu ministério é música" e não ter habilidade nenhuma, e nem querer desenvolver essa habilidade também. É uma crescente".
A6		"Se o pastor não pedir nenhuma, vai a que eu tiver mais afinidade para tocar. O critério é a que encaixa melhor na minha voz".	"Ela tem que buscar conhecimento prático também. Eu estou sempre estudando, sempre aprendendo".

O perfil dos entrevistados porta algumas características semelhantes como, por exemplo, todos são músicos instrumentistas e também cantores. A respeito da formação escolar, 2 dos entrevistados possuem ensino superior e os 4 restantes tem a formação escolar até o segundo grau completo.

Foram retiradas das respostas dos entrevistados frases ou palavras que fizessem conexão às categorias analisadas.

Konder (1994) afirma que pensar as contradições da nossa realidade, refletindo sobre seu estado constante de transformação é pensar dialeticamente. Quando a fala do entrevistado A4, que diz sobre o seu objetivo como líder de grupo musical da igreja, "Meu maior objetivo como ministro de louvor é criar um senso crítico nas pessoas que estão em minha volta", remete-nos à questão Dialética. Porquanto, refletir sobre a música que é tocada na igreja, sobre a sua função e influência, remete-nos o significado dialético dessa música no contexto em questão, pois pode ser tanto uma ferramenta para o serviço religioso e social, quanto pode ser instrumento de alienação e manipulação, mesmo inconsciente.

A segunda categoria exposta na tabela 2 foi a Indústria Cultural. Na fala do entrevistado A1 quando disse "o que está acontecendo no momento na música gospel", a resposta do entrevistado A2, "Procuro me inteirar daquilo que está sendo a atualidade", e a do entrevistado A3, "Por estar no mercado, como se diz, está em evidência, essa música", confirma aspectos pertinentes à categoria analisada aqui.

Os entrevistados demonstraram se importar com o que é novidade na música gospel, no sentido de novas produções. Todavia, é justamente o que Adorno e Horkheimer (2002) explicam sobre o "novo" implantado pela Indústria Cultural, que existe uma "necessidade de efeitos novos", mas que na verdade estão apensos ao "velho esquema".

Também fica evidente outro aspecto da Indústria Cultural na fala dos entrevistados quando dizem a respeito do critério de seleção para o repertório utilizado. Eles mencionaram que selecionam da rádio, da internet, ou seja, conhecem as músicas através desses veículos de comunicação, que são responsáveis por difundir a grande massa fazendo-a conhecedora do que é produzido pela Indústria Cultural. Com isso, essas fontes de divulgação são colaboradoras em imprimir no que divulgam os valores que lhes são interessantes e pertinentes para o expectador, visto como um consumidor em potencial, receber e tomar como verdade, passivamente.

Na categoria educação musical, prevalece na fala dos entrevistados, a escassez de uma formação musical nos grupos musicais de suas igrejas. O entrevistado A4 diz que a música que eles utilizam na igreja "precisa ser melhorada" e na fala do entrevistado A5 que diz não ser suficiente dizer que faz o trabalho do louvor "e não ter habilidade nenhuma, e nem querer desenvolver essa habilidade", confirma a necessidade e importância da educação musical nesse contexto religioso.

Nas falas do entrevistado A3 "Eu entrei sem fazer curso" e do entrevistado 2 "Tudo que eu sei e que eu faço hoje, mais ou menos de autodidata", demonstram que eles desenvolvem suas habilidades musicais vendo e convivendo com outros músicos. A vivência é a maior fonte de experiências deles com a música. Principalmente para aqueles que não tiveram nenhum tipo de instrução ou técnica musical.

Outro aspecto que pode ser identificado conexo a essa categoria está na fala do entrevistado A1 "formar outras equipes", mostrando interesse em formar outros músicos e; na fala do entrevistado A2 "deixar uma geração de músicos". O trabalho desses grupos musicais nas igrejas evangélicas neopentecostais é um campo de possibilidades para a educação musical, além dos músicos atuantes, também os que desejam participar e aprender música através da prática do louvor na igreja.

A educação musical teria participação também na fala do entrevistado A4 quando se refere à música que utilizam na igreja, como sendo uma ferramenta para anunciar seus ensinamentos, mas que "falta ser descoberta musicalmente". Para esse entrevistado, a formação musical ainda não tem prioridade nos grupos musicais da igreja, prevalecendo a função dela na prática religiosa.

A tabela 3 a seguir mostra as músicas citadas pelos entrevistados, acompanhadas dos seus intérpretes. Essa tabela serviu para identificar a música que os entrevistados usam nos grupos musicais e nos cultos da igreja.

Tabela 3 - Músicas citadas pelos entrevistados

MÚSICA	CANTOR(A)	CITAÇÕES
A minha família é benção do senhor	Regis Danese	
Abraça-me	André Valadão	
Aclame ao Senhor	Diante do Trono	
Amigo de Deus	Ademar de Campos	
Ar	Thalles Roberto	
Atrai o meu coração	Filhos do Homem	
Brasil	João Alexandre	
Conheci um grande amigo	Rebanhão	
Deus da minha vida	Thalles Roberto	2
Deus tu és grande	Gui Rebustine	
Eu creio que tudo é possível	Ministério Fonte da Vida	
Eu e minha casa serviremos a Deus	André Valadão	
Eu te busco	Vineiard	
Eu vou viver o meu milagre	Renascer Praise	
Faz chover	Trazendo a Arca	
Faz Um Milagre em Mim	Regis Danese	2
Fé	André Valadão	
Feirante	João Alexandre	
Fornalha	Pedras Vivas	
Geração apostólica	Ministério Fonte da Vida	
Grande é o Senhor	Ademar de Campos	
Lugar Seguro	Aline Barros	3
Lugares altos	Renascer Praise	
Me ama	Diante do Trono	
Move as águas	Ministério Fonte da Vida	
No caminho do milagre	Renascer Praise	
O grito	Pedras Vivas	
Oceano de amor	Pedras Vivas	4
Os sonhos de Deus	Ludmila Ferber	
Pai nosso	Pedras Vivas	2
Perfeita Graça	Ministério Fonte da vida	
Reina em mim	Vineiard	
Reina em mim	Nívea Soares	
Ressuscita-me	Aline Barros	2
Seu sangue	Fernandinho	
Sonda-me	Aline Barros	
Tetelestai	Diante do Trono	
Teu amor não falha	Nívea Soares	
Tocar em ti	Pedras Vivas	
Tua memória	Ministério Fonte da Vida	

Uma nova história	Fernandinho	
Viver por fé	Ministério Fonte da vida	2
Volta	Leonardo Gonçalves	
Vou crer	André Valadão	2
Vou me aproximar de ti	Pedras Vivas	

Pela tabela 3 foi possível identificar as músicas e os cantores que mais foram citados: a música "Oceano de Amor" do grupo Pedras Vivas, seguida de "Lugar Seguro" da cantora Aline Barros. Por meio de uma análise mais atenta desta lista de canções mais citadas, pode-se perceber que a grande maioria delas pertence às grandes gravadoras, em contraste com uma minoria de canções de cantores independentes.

3.3 ANÁLISE DE CONTEÚDO DO GRUPO FOCAL VIA CATEGORIAS: DIALÉTICA, INDÚSTRIA CULTURAL E EDUCAÇÃO MUSICAL

Para a terceira coleta de dados dessa pesquisa, foi elaborado um grupo focal, baseado nas orientações metodológicas de Gatti (2012). O grupo focal foi composto por 4 integrantes que participam de grupos musicais em igrejas evangélicas neopentecostais. São conhecidos como ministro de louvor, pois entre outras funções, em algum momento, eles conduzem o momento musical da prática litúrgica, chamada de louvor. Para a análise dos dados do grupo focal, foi elaborada a tabela abaixo.

Tabela 4 – Análise preliminar do grupo focal

	PERFIL		
	ATUAÇÃO EM GRUPOS MUSICAIS	FORMAÇÃO	INSTRUMENTO MUSICAL
B1	11 anos	Superior completo	Voz
B2	9 anos	2° completo	Voz e violão
B3	35 anos	Superior completo	Voz
B4	15 anos	2° completo	

	CATEGORIAS		
	DIALÉTICA	INDÚSTRIA CULTURAL	EDUCAÇÃO MUSICAL
B1	"Saber receber críticas. Críticas também podem construir uma situação de crescimento; mas é você ter a humildade de saber que sempre	"(…) geralmente, não utilizo um critério fixo." "(…) as músicas que são interessantes pra gente cantar na igreja, e que a igreja tem uma receptividade maior a gente trás pra cá. Mas é através do rádio mesmo".	"Mas eu sempre tive essa vontade. Mas curso, preparação, assim, questão vocal, eu nunca fiz". "não existe muito essa questão da "formação musical." "(…) as pessoas integrantes da equipe, elas procuram adquirir esse conhecimento por conta própria e isso acaba que aparece na qualidade

	você precisa melhorar independentemen te de onde você esteja".		final do trabalho".
B2		" normalmente é ouvindo rádio e quando eu vou visitar alguma igreja diferente eu vejo as músicas que eles cantam diferentes…". "(…) de uma maneira geral, o louvor em si, é muito intuitivo. Ele não é técnico. Se fosse uma coisa mais técnica seria até meio chato. Mas não é. A pessoa ouve e repete. Ouve uma música, pega a sequência e repete. A igreja é carente de uma formação técnica musical, a equipe que cuida da parte musical da igreja".	"Também nunca fiz curso. Na verdade eu fiz algumas aulas". "E se tivesse um ensino, se a igreja ensinasse, tivesse cursos, palestras, sobre louvor, sobre música, acho que seria um crescimento para a igreja. Eu acho que quem toca na igreja aprende mais por conta própria. Através de vídeos, *youtube*".
B3		"(…) não só pela rádio, mas também pela internet, pelo *youtube*, em outros sites que a gente conhece".	"Como os demais, eu também não fiz um curso, mas tive noções de teoria musical, sobre ritmo". "(…) sem uma formação ele começa a ficar limitado. Ele não consegue avançar até certo ponto".
B4		"Em questão de saber uma música nova, ou alguma novidade, eu sempre procuro pela internet".	"Eu também não tive curso"."(…) eu não estudo, não sei tocar nada, mas acredito que tenho um ouvido muito bom, em questão de ritmo, de notas". "Aonde eu estou hoje, a equipe é bem preocupada com essa questão de aperfeiçoamento, formação musical".

Conforme realizado nas análises anteriores, das reportagens e das entrevistas, a Tabela 4 também tem na sua composição as categorias Dialética, Indústria Cultural e Educação Musical, bem como, informações que correspondem o perfil de cada membro, como escolaridade, tempo de atuação no trabalho eclesiástico e o instrumento musical que, o membro em questão, executa na igreja. Além disso, estão distribuídos trechos das falas dos participantes que fizessem conexão às categorias, aqui analisadas.

Zuin (2008) estudando sobre a dialética negativa de Adorno, diz que "a degeneração da consciência (que se converte em mitologia) é produto de sua carência de reflexão crítica sobre si mesma", ou seja, a reflexão crítica pode dificultar a alienação da consciência e possibilitar uma superação do homem em relação a si e a sua realidade. Na fala do participante B1, "críticas também podem construir uma situação de crescimento; mas é você ter a humildade de saber que sempre você precisa melhorar independentemente de onde você esteja", remete-nos a negar o conhecimento alcançado, não no sentido de desconsiderar, mas de não o tê-lo como acabado e buscar um avanço qualitativo.

Nas demais falas dos participantes do grupo focal, não foram identificados os elementos que fizessem conexão à categoria Dialética.

Em seguida, apontam-se nas falas dos participantes, aspectos que fazem ligação com a categoria Indústria Cultural. Um exemplo disso é quando os participantes afirmam que selecionam as músicas que utilizam na igreja, no momento musical, ou seja, na hora do louvor, na maioria das vezes, da rádio ou da internet.

Mais uma vez a aparição dos veículos de comunicação como fonte de repertório desses músicos, por ser composto por uma música "conhecida", ou por ser "a mais tocada" ou "a atual" ou mesmo, "a novidade", confirma a presença da Indústria Cultural, também no contexto religioso.

Conexo à categoria Educação Musical está a necessidade de uma formação musical tanto dos próprios participantes do grupo focal, quanto no contexto em que estão inseridos, nos grupos musicais das suas igrejas. A começar na atividade musical predominante na qual eles exercem, o canto. Todos os participantes alegaram não terem feito nenhum tipo de aula ou curso para cantar participando nos grupos musicais. O participante B1 diz "mas curso, preparação, assim, questão vocal, eu nunca fiz", assim como o participante B2 "aula de canto eu nunca fiz, mas tenho vontade de fazer" e o participante 4B "eu também não tive curso", confirmam a falta de formação musical. Não obstante a fala dos participantes também testifica a necessidade que sentem da formação musical, baseada nas experiências que vivem nos grupos musicais: "e hoje vejo que está fazendo falta", participante B1 e "sem uma formação ele começa a ficar limitado" do participante B3.

O desenvolvimento de suas habilidades musicais é resultado apenas das experiências adquiridas pela vivência musical nos grupos, no trabalho musical da igreja, e do próprio momento musical da igreja, o louvor.

Os participantes também revelaram no grupo focal a opinião que têm em relação ao contexto musical vividos em seus grupos musical na igreja. Sentem a falta de oportunidades de ensino musical para o trabalho que exercem nos grupos e a necessidade de propostas práticas ("eu observo que a gente até poderia ter mais estudos; não apenas estudos práticos, mas às vezes, palestras, alguma coisa nesse sentido, workshops") que leve aos músicos da igreja uma formação musical assertiva e não somente a evolução hábil adquirida pela vivência musical entre eles ("eu acho que quem toca na igreja aprende mais por conta própria").

CONSIDERAÇÕES FINAIS

A indústria cultural transforma a música em produto para as massas, com fins meramente lucrativos. Além disso, cria o consumidor cultural, que é moldado e padronizado a fim de adquirir, apreender e aceitar passivamente os falsos valores imprimidos nos produtos dessa indústria (Adorno e Horkheimer, 2002).

A intenção dessa pesquisa foi refletir dialeticamente, através de uma abordagem qualitativa, a presença e a possível influência da Indústria Cultural no contexto das igrejas evangélicas neopentecostais, e também propor através da educação musical, a formação como instrumento de resistência frente à manipulação e alienação do arranjo capitalista na autonomia e na criatividade do sujeito.

Nesse sentido, o trabalho apontou na fundamentação teórica a dialética como método de reflexão crítica necessário à formação da consciência humana, e buscou esclarecer tanto a historicidade, quanto as categorias que denunciam os efeitos da indústria cultural. Da mesma maneira, ressaltar as possibilidades da educação musical nas igrejas evangélicas neopentecostais.

O trabalho procurou através da reunião de reportagens referente ao seguimento de mercado que a música evangélica se transformou, das entrevistas e do grupo focal, com sujeitos que vivem essa música nas igrejas evangélicas neopentecostais, notar elementos que fizessem relação às categorias: dialética, indústria cultural e educação musical.

A categoria mais evidente em todas as análises é certamente a indústria cultural. Nas reportagens selecionadas, as informações a respeito da música gospel, confirmam a sua vertente enquanto seguimento de mercado e denunciam a indústria cultural presença no meio religioso: as modificações no modo de produção dessa música; a perda de autonomia do artista; o empobrecimento da qualidade musical visando não exigir das faculdades mentais do espectador, da sua criatividade e espontaneidade, criando assim uma música simples, superficial; o ajuste feito por gravadoras e produtoras, que nesse casso se enquadram no que Adorno (1983) chamou de "supremos dirigentes", monopolizando o setor, padronizando a música que é produzida; o encargo dos grandes veículos de comunicação em difundir a música e de contribuir em imprimir valores no que é divulgado e; a quantidade de vendagem de CDs, os números e as estatísticas assumidas pelo mercado, atestando a rentabilidade e a lucratividade daquilo que se trata a primo, de um negócio.

A participação de sujeitos que convivem com a música gospel nas igrejas evangélicas neopentecostais, a opinião baseada em suas experiências e suas declarações quanto ao contexto que estão inseridos contribuíram a essa pesquisa identificar o campo de possibilidades para a educação musical e à sua função para a formação.

Identificam-se nos dados coletados, a partir das reportagens, das entrevistas e do grupo focal, possibilidades de construção e realização de novas pesquisas empíricas em busca da formação crítica.

Mesmo fazendo um recorte ao campo pesquisado, tanto no quesito teórico quanto no campo prático, e tomando o cuidado em não generalizar, o estudo apontou contradições pertinentes a essa investigação. Há indícios nas reportagens, bem como na fragilidade crítica dos participantes demonstrada nas entrevistas e no grupo focal, que a falta de formação pode determinar o que seja suficiente para a criatividade e autonomia baseadas em critérios objetivos.

Esta pesquisa, como já declarado, partiu de pressupostos hipotéticos, mas promissores. Apresentou elementos que testificam a existência da indústria cultural no contexto religioso e demonstrou também que há possibilidades de educação musical nessa área. Contudo, restam lacunas para mais pesquisas, novos temas como, por exemplo, identificar a maneira se dá a relação indústria cultural nesse contexto religioso ou, quais práticas educativas musicais poderiam ser utilizadas a favor da formação do músico, considerando refletir sobre as abordagens de formação, não apenas técnica, mas integral, crítica e reflexiva.

Para tanto, ressaltamos que novos temas de pesquisa, apontando novos problemas e novas perspectivas nessa área, sirvam de alicerce e contribua para o músico da igreja desenvolva uma prática mais consciente, criativa, reflexiva e crítica no trabalho que concebe, buscando avanço nos seus objetivos.

Ações formativas como cursos, palestras e seminários, pode ser o subterfúgio para o educador musical atuar neste contexto, com objetivos de desenvolver a formação no sentido da emancipação, dos indivíduos e da igreja, em relação ao sistema da indústria cultural. Certamente, percorrendo caminhos que cercam a formação musical, social e cultural mais ampla e aprofundada, mais criativa e mais humana.

REFERÊNCIAS

ADORNO, T. W. **O fetichismo na música e a regressão da audição**. In: Benjamin, W. et al. Textos escolhidos. 2. Ed. São Paulo: Victor Civita, 1983.

ADORNO, Theodor W. e HORKHEIMER, Max. A indústria cultural: O iluminismo como mistificação de massas In: LIMA, Luiz Costa. **Teoria da cultura de massa**. São Paulo: Paz e Terra, 2002.

__________. **Dialética do esclarecimento**. Rio de Janeiro: Zahar, 1985.

ABPD - **Associação Brasileira dos Produtores de Discos**. Disponível em: <http://www.abpd.org.br/2015/05/19/mercado-fonografico-mundial-e-brasileiro-em-2014-2/>. Acesso: 16 fev. 2016.

BARDIN, Lawrence. **Análise de conteúdo**. São Paulo: Almedina Brasil, 2011.

BORGES, Juliano. A dialética do esclarecimento, de Theodor Adorno e Max Horkheimer. **Revista Estudos Políticos**. N. 2(2011/1) junho. 2011.

CUNHA, Magali do Nascimento. Demandas pedagógicas no contexto das igrejas evangélicas no Brasil em tempos de cultura gospel. **Educação e transformação**. Revista de Educação do Cogeime, n.31 São Paulo, dez. 2007.

FRANCO, Maria L. P. B. **Análise de conteúdo**. Série Pesquisa - 6. Brasília: Líber Livro, 2012.

FRANÇA, Fabiano Leite. Fetichismo e decadência do gosto musical em Adorno. Existência e Arte. **Revista eletrônica do grupo PET** – Ciências Humanas, Estética e Artes da UFSJ. N.4, p. 1-6. Jan-Dez de 2008.

GATTI, Bernadete Angelina. **Grupo focal na pesquisa em ciências sociais humanas**. Série Pesquisa; 10. Brasília: Líber Livro Editora, 2012.

GRANDISK, Anatoli Konstantin. **Elementos da formação de consciências em Adorno**. Guairacá - Guarapuava, Paraná n.26 p.105-117, 2010.

KATER, Carlos. O que podemos esperar da educação musical em projetos de ação social. **Revista da ABEM**, n.10. Mar. de 2004.

KONDER, Leandro. **O que é dialética**. Coleção Primeiros Passos, 23. São Paulo: Brasiliense, 1994.

LAKATOS, Eva Maria; MARCONI, Marina de Andrade. **Metodologia científica**. São Paulo: Atlas, 1992. 250 p.

MARTINOFF, Eliane Hilário da Silva. A música evangélica na atualidade: algumas reflexões sobre a relação entre religião, mídia e sociedade. **Revista da ABEM**. Porto Alegre, V. 23, 67-74, mar. 2010.

MUSSE, Ricardo. Cinco verbetes sobre Theodor W. Adorno. **Blog da Boitempo**. São Paulo. 2015. Disponível em: <http://blogdaboitempo.com.br/2015/11/19/5-verbetes-sobre-theodor-w-adorno/>. Acesso: 20 jan. 2016.

NOGUEIRA, Monique Andries. Adorno e os tipos de comportamento musical: atualidade e limites de uma categorização. **INTER-AÇÃO**. Revista da Faculdade de Educação, UFG, n.2, p; 297-310. Goiânia, maio/ago. 2014.

PAULA, Robson Rodrigues de. O mercado da música gospel no Brasil: aspectos organizacionais e estruturais. **Revista UNIABEU.** n.9, p. 141-157. Belford Roxo Jan. – abr. 2012.

RODRIGUEZ, Margarita Victoria. Pesquisa Social: Contribuições do Método Materialista Histórico-Dialético. In: CUNHA, Célia da. (Org.). **O método dialético na pesquisa em educação**. Campinas, SP: Editora Autores Associados, 2014.

SILVA, Victor Leandro; SENA, Daniel Richardson de Carvalho. **Kant e Adorno: educação e autonomia**. ISSN 1984-3879, SABERES, Natal – RN, v. 1, n. 11, fev. 2015, 170-182.

SZYMANSKI, Heloisa (org.). **A Entrevista na Pesquisa em Educação: a prática reflexiva.** Brasília: Líber Livro, 2004.

ZANOLLA, Silvia Rosa da Silva (org.). **Arte, estética e formação humana: possibilidades e críticas**. 1. ed. Capinas-SP: Editora Alínea, 2013.

ZUIN, Antonio A. Soares, PUCCI, Bruno e OLIVEIRA, Newton Ramos de. **Adorno: o poder educativo do pensamento crítico**. Petrópolis, RJ: Vozes, 2008.

APRECIAÇÃO MUSICAL NO PROCESSO FORMATIVO: UMA ANÁLISE DE CONTEÚDO NA REVISTA DA ABEM E UM E-SURVEY COM EDUCADORES MUSICAIS

Janete Marques Borges Melo,
Luciana da Costa e Silva
&
Eliton Pereira

Resumo: Essa pesquisa teve por objeto de estudo a apreciação musical como temática da educação musical. Com esta investigação, procurou-se estudar a apreciação musical no contexto da produção científica em educação musical no Brasil e, ainda, obter a opinião dos educadores musicais sobre essa temática. Para isso, foi realizada uma análise dos artigos publicados na Revista da ABEM (Associação Brasileira de Educação Musical). Além disso, foi empregada uma pesquisa de opinião junto a educadores musicais com a finalidade de identificar como estes se relacionam em termos apreciativos com a música. Buscou-se compreender a abordagem crítica na educação musical e propor a superação da centralidade da abordagem construtivista. Assim, pretendeu-se contribuir para a perspectiva do conhecimento musical, com senso crítico e voltado para o desenvolvimento da autonomia.

Palavras-chave: Apreciação musical, Perspectiva crítica, Revista da ABEM.

INTRODUÇÃO

O propósito deste estudo foi investigar a apreciação musical no campo científico e prático e apresentar a sua importância na educação musical como elemento contribuinte para o desenvolvimento da autonomia do sujeito por meio da música. Os objetivos específicos foram definidos como: explorar a temática da apreciação musical como processo formativo musical com base nas contribuições teóricas, sociológicas e educativas de Theodor Adorno e Esther Beyer; dar a conhecer os principais conceitos relacionados ao estudo da apreciação musical presentes nas publicações (artigos) da Revista da Associação Brasileira de Educação Musical – ABEM – no período de 1992 a 2015; compreender como professores de música relacionam-se em termos apreciativos com a música;

propor possibilidades pedagógicas voltadas para a apreciação musical em contraposição à imposição da indústria cultural.

Optamos também pela pesquisa *survey* e *e-survey* para realizar o levantamento de opinião com 102 professores de música acerca da apreciação musical e também para apreender como esses profissionais se relacionam em termos apreciativos com a música.

Durante a análise, buscamos investigar como é tratada a apreciação musical, se de forma crítica ou acrítica, e apreender o ideário pedagógico dessa vertente da educação musical no Brasil nos artigos publicados na Revista da ABEM.

Buscamos compreender a relevância da perspectiva adorniana para uma escuta ativa e emancipada, diante da hegemonia das propostas da indústria cultural. Este autor considera que a música pode ser um instrumento de alienação, mas também pode desprender o indivíduo e conduzi-lo a escapar da influência midiática, que oculta o controle que exerce sobre a consciência individual. Adorno defende a democratização na arte, como se constata no trecho a seguir:

> Numa democracia, quem defende ideais contrários à emancipação, e, portanto, contrários à decisão consciente independente de cada pessoa em particular, é um antidemocrata, até mesmo se as ideias que correspondem a seus desígnios são difundidas no plano formal da democracia. (Adorno, 1995, p.142).

Neste contexto, em face de a apreciação musical ser uma das formas de contato mais próxima do indivíduo com a arte musical, pretendemos ressaltar a importância desse aspecto da formação musical, como processo educativo que abarca o desenvolvimento integral do educando.

O desenvolvimento de ações pedagógicas por meio de processos formais de apreciação musical proporciona aos estudantes de música uma ampliação de seu conhecimento musical, de modo a tornar cada vez maior e mais qualitativo seu acesso a variados gêneros e estilos musicais, tanto da produção do passado quanto do presente. Pode-se, desse modo, favorecer a ampliação do universo cultural desses alunos, auxiliando-os a serem mais críticos e capazes de fruição de música de qualidade. Nesse sentido, é indiscutível que a apreciação musical constitua um relevante campo de atuação no ensino de música, ao lado do fazer musical propriamente dito e das contextualizações temporais e sociais da música.

É certo que houve avanços acadêmicos no ensino da música, porém indagamos se a prática pedagógica musical, atualmente, ocorre com a necessária contextualização crítica, sem a qual há prejuízo ao aprendizado musical e educacional dos alunos, pela ausência de referenciais culturais e musicais mais amplos.

Essa interferência torna-se maior perante a atuação da mídia, que, atrelada à indústria cultural, age como forma de dominação, exploração e veiculação de ideologias, privilegia músicas imediatistas que não requerem uma reflexão crítica, nem aprofundamento histórico e cultural. Nesse processo, o indivíduo não pergunta o porquê, nem o para quê dessa apreciação musical, tornando-se um indivíduo de escuta passiva, cujo gosto passa a ser formatado pelos padrões impostos pelos meios de comunicação de massa, como denuncia Adorno.

> O correspondente necessário da estandardização musical é a pseudo-individuação. Por pseudo-individuação, entendemos o envolvimento da produção cultural de massa com a auréola da livre escolha ou do mercado aberto, na base da estandardização. A estandardização de hits musicais mantém os usuários enquadrados, por assim dizer escutando por eles. A pseudo-individuação, por sua vez os mantém, fazendo os esquecer que o que eles escutam já é sempre escutado por eles, pré-digerido. (Adorno, 1996, p.123).

O objetivo primordial da apreciação musical é dar sentido ao aprendizado musical e proporcionar o desenvolvimento do potencial perceptivo e imaginativo do estudante, ampliando sua capacidade de escuta e de acesso à produção musical historicamente valorada. Dessa afirmação, depreendemos a importância atribuída à apreciação musical e a responsabilidade dos educadores musicais no que diz respeito a possibilitar uma formação crítica dos estudantes.

Com base nesse pensamento, apresenta-se este trabalho, que tem a apreciação musical como objeto de estudo e que focaliza a importância da apreciação musical na formação crítica do educador musical e do estudante.

Nesta perspectiva, o trabalho encontra-se organizado em três partes. No item 1 está a fundamentação teórica, organizada primeiramente na concepção crítica de Theodor Adorno, abordando a importância da arte na formação crítica do indivíduo. Segundo o Autor, "Uma primeira condição do potencial emancipatório da arte é a de ser ela autônoma e favorecer a emancipação", aliás, a arte para Adorno é um elemento emancipador (Adorno, 1995). Em seguida, versamos sobre a abordagem construtivista, visão piagetiana segundo Esther Beyer e Keyth Swanwick, que tratam da apreciação musical, destacando o saber música e o pensar música no contexto da aprendizagem e formação musical.

No item 2, expomos acerca da opção metodológica da pesquisa e sobre a coleta de dados. Trata-se de um estudo exploratório dada a sua amplitude. Para Gil (1999, p.43), a principal finalidade desse tipo de pesquisa é desenvolver, esclarecer e modificar conceitos e ideias. De acordo com este autor, a pesquisa exploratória tem como objetivo obter uma visão geral aproximada do fato.

No item 3, realizamos o tratamento dos dados coletados com o intuito de que esse estudo possa contribuir para o entendimento de uma apreciação musical crítica na formação de professores e estudantes.

1 FUNDAMENTOS TEÓRICOS

1.1 ESTÉTICA DA ARTE E DA MÚSICA EM ADORNO

Tendo em vista a determinação pelo estudo de uma educação musical crítica e por processos formativos em educação musical, escolhemos como embasamento teórico obras do músico, compositor e filósofo da escola frankfurtiana, Theodor Ludwig Wiesengrund Adorno (1903-1969).

Neste item, trataremos a apreciação da estética e a arte musical, tal como as concebeu o referido autor. Nele encontramos uma abordagem humanística e crítica, com a qual revela ter preocupações com a emancipação da escuta e demonstra ser contra a hegemonia proposta pelas ideologias tradicionais, evidenciando ser um importante representante da perspectiva crítica em música e em educação. Este pensador trata o problema da escuta, como tema central no âmbito da estética musical, por isso reconhecemos a necessidade de estudá-lo como compositor, instrumentista e definitivamente como um músico.

Para a compreensão do papel da apreciação musical crítica na visão de Adorno, é preciso retomar alguns dados de sua biografia. Segundo Notário (2008), desde a infância Adorno vivenciava a apreciação musical no âmbito familiar, pois sua mãe foi cantora do naipe soprano. Ele cresceu em um ambiente musical peculiar, potencializado pela presença musical de sua tia, irmã de sua mãe, Agathe Adorno, pianista especializada em repertório vocal camerístico e operístico. Nesse cenário sonoro, Theodor Adorno experimentou a música doméstica como espectador, instrumentista e, posteriormente, como compositor. Por esse motivo, sentimos a necessidade de pensarmos em Adorno antes como músico do que como sociólogo ou filósofo, dando a importância que merece nesse aspecto, geralmente ignorado (Boissiere *apud* Notário, 2008, p. 103).

De acordo com Notário (2008), Adorno só se ocupou dos problemas filosóficos com maior empenho, quando as circunstâncias o impediram de seguir simultaneamente com a música e a filosofia:

> A autêntica interpretação filosófica não se realiza corretamente com um sentido que se encontra acabado e persistiria a pergunta, se não que a ilumina repentina e instantaneamente, e ao mesmo tempo a faz consumir. (Adorno, *apud* Notário, 2008, p.104).

Segundo o filósofo frankfurtiano, a reflexão crítica que constitui o processo de criação da arte é vinculada à experiência filosófica. Essa experiência envolve a percepção e a interpretação da obra de arte e têm de ser pensada. Ao se aproximar da experiência filosófica, a apreciação estética permite a não identificação com o todo e a liberdade individual; ao se opor à totalidade, recusa-se a fazer parte das engrenagens sociais, consequentemente a percepção crítica possibilita a autonomia da arte. De acordo com Adorno (1995), a experiência estética que é genuína deve converter-se em filosofia ou não existirá.

Nessa acepção, a arte musical diferencia-se do processo de criação moldado pela cultura de massa, que impede a autonomia do sujeito. Ao se tornar alienado pelas ideologias culturais, o indivíduo bloqueia o seu potencial de criação. Muitos fatores influenciam a alienação do indivíduo, tal como as tendências de evolução da comunicação ocorridas nos últimos séculos.

Segundo Zanolla, em Adorno, compreendemos a arte como trabalho, por isso nos deparamos com uma visão ética da estética, pois "o sentido do trabalho deveria se dirigir a uma ética da estética como atividade que agrega possibilidades e limites ao desenvolvimento de uma sociedade verdadeiramente humana" (Zanolla *apud* Oliveira, 2011, p.11). No entanto, seria possível pensar o trabalho como uma técnica social de dominação, tal como acontece com as artes perante a cultura de massa ou indústria cultural.

Sob o olhar de Adorno e Horkheimer (2002), o problema da apreciação estética não é apenas a falta de crítica às questões da indústria cultural e/ou manifestações artísticas. Há, também, a inquietação com o perceber, identificar e dialogar sempre acerca de como a sociedade opera em suas relações simplesmente tecnicistas.

Quando Adorno alude à falta de evolução das ações estéticas, destaca o ponto crucial, que é a reprodução em massa das obras de arte. Essa atitude e a mitificação levam a uma visão estética submissa, e a falta de relação entre o sujeito e o objeto conduz aquele a uma identificação extrema com o objeto.

O sujeito torna-se irrefletido e é levado a considerar a arte fetichizada ou coisificada (Adorno, 1995). Já o sujeito consciente, seja qual for sua natureza, tem sua realidade já mediada e se defronta com o objeto de conhecimento.

1.2 RISCO DA ALIENAÇÃO NO TRABALHO ARTÍSTICO E POTENCIAL FORMATIVO DA ARTE

Adorno e Horkheimer alertam para o risco de, na sociedade capitalista, o trabalho artístico tornar-se instrumento de alienação. Eles asseveram que o entretenimento oferecido pela indústria cultural tem como objetivo a associação das massas ao sistema capitalista, o que gera fragmentação e impotência, impedindo o indivíduo de defender-se de maneira crítica das consequências ocasionadas pela alienação:

> [...] divertir-se significa estar de acordo. A diversão é possível apenas enquanto se isola e se afasta a totalidade do processo social, enquanto se renuncia absurdamente desde o início à pretensão inelutável de toda obra, mesmo da mais insignificante: a de, em sua limitação, refletir o todo. Divertir-se significa que não devemos pensar que devemos esquecer a dor, mesmo onde ela se mostra. É, de fato, fuga, mas não como pretende, fuga da realidade perversa, mas sim do último grão de resistência que a realidade ainda pode ter deixado. A libertação prometida pelo entretenimento é a do pensamento como negação. A imprudência da pergunta retórica: "Que é que a gente quer?" Consiste em se dirigir às pessoas fingindo tratá-las como sujeitos pensantes, quando seu fito, na verdade, é o de desabituá-las ao contato com a subjetividade. Nessa ótica, a cultura industrializada infundiria a tolerância para com a vida. (Adorno e Horkheimer, 2002, p. 44, 45).

No tocante à arte, a alienação tem sua origem no processo social e não em qualquer das transformações que sucedem aos seres humanos como tais, na sua raiz existencial (Adorno, 2009). Por essa ótica, percebemos que existe um risco de alienação do trabalho artístico. Para que isso não aconteça, faz-se necessário que o indivíduo se aproprie de conhecimentos e desenvolva resistência, a fim de que não venha resignar-se à falsa alegria que ocorre como efeito da cultura de massa.

As considerações de Adorno acerca da formação artístico-cultural lançam-nos à questão da formação autêntica, aquela que resgata o potencial crítico e formativo da arte. Adorno (1996, p. 388) considera que "a formação não é outra coisa do que a cultura pelo lado de sua apropriação subjetiva". A formação estético-cultural possibilita ao sujeito o acesso aos diversos aspectos do acervo cultural da humanidade e, ao mesmo tempo, desenvolve no indivíduo a capacidade de resistir à alienação, uma vez que essa capacidade encontra lugar no campo da arte.

Desse modo, a razão precisa da arte para recobrar a oportunidade de contestação das normas vigentes, e a formação cultural, incluindo a arte, é um longo processo histórico de mediação. A atividade artística, exercida entre a sensibilidade e a razão, na dinâmica entre aspectos objetivos e subjetivos, favorece o momento em que a violência é refreada e transformada (Adorno, 1996). Exige, portanto, algo do espectador: sua capacidade de perceber que os objetos estéticos dizem ou calam por si mesmos. Trata-se de o indivíduo experimentar uma disparidade refletida entre o externo e o interno da arte e, mediante esse movimento, ser capaz de realizar uma reflexão consciente.

1.3 EMANCIPAÇÃO, PROCESSO DE RESISTÊNCIA NA ARTE E O PROCESSO EDUCACIONAL

Uma primeira condição do potencial emancipatório da arte é a de ser ela autônoma e se contrapor à alienação. As obras de arte, além de autônomas, são autênticas, porque se recusam a reconciliar-se com as contradições que surgem em seu interior, dando testemunho do estado não reconciliado da sociedade, ao mesmo tempo que expressam a condição de sofrimento do indivíduo.

Segundo Adorno (1995), existem fatores que se apresentam como fortes empecilhos à configuração de uma sociedade emancipada. O primeiro é o fracasso da promessa de emancipação advinda do esclarecimento. O autor menciona os acontecimentos bárbaros, como o holocausto, levado a efeito por uma sociedade esclarecida, que deveria propiciar a emancipação, porém conduziu a sociedade à condição de administrada e manipulada. O segundo fator refere-se à falta de crítica, no tocante aos mais diversos âmbitos da sociedade, o que tem como fonte a indústria cultural, que conduz a sociedade a uma falsa liberdade de escolha. De acordo com Adorno, isso ocorre

> [...] simplesmente porque não só a sociedade, tal como, existe e mantém o homem não emancipado, mas porque qualquer tentativa séria de conduzir a sociedade à emancipação – evito de propósito a palavra 'educar' — é submetida a resistências enormes, e porque tudo o que há de ruim no mundo imediatamente encontra seus advogados loquazes, que procurarão demonstrar que, justamente, o que pretendemos encontrar há muito foi superado, ou então está desatualizado ou é utópico. (Adorno, 1995, p.185).

A arte fornece uma modalidade diferenciada da relação entre sujeito e objeto, uma alternativa mediante a qual o sujeito se conscientiza do domínio do objeto – o que o leva a uma compreensão da complexidade da relação entre o sujeito e o conhecimento. Na esfera da obra de arte autêntica, o sujeito (artista) e o objeto (material) estabelecem uma relação de mediação recíproca. Nesse aspecto, as obras de arte autênticas estão no centro do pensamento adorniano de emancipação, por prefigurar a reconciliação do homem com a natureza, que, para o autor, é uma condição verdadeira para a emancipação humana.

1.4 O SIGNIFICADO DA EDUCAÇÃO PARA ADORNO

Para Adorno, a primeira e principal função da educação é evitar que o ser humano regrida ao instinto primitivo de violência, como ocorreu no século passado no campo de concentração de Auschwitz. O processo pedagógico deve levar o homem a refletir sobre ele mesmo, portanto o autor considera, em primeiro plano, que a educação seja pensada como condição humana. Nesse sentido, "a exigência de que Auschwitz não se repita é a primeira de todas para a educação. De tal modo ela precede quaisquer outras que creio não ser possível nem necessário justificá-la", afirma o frankfurtiano (Adorno, 1995, p.119).

Vemos, portanto, que para o autor a educação pela conscientização não é algo que ocorre de maneira natural. É desenvolvida mediante o processo educacional, cuja função é proporcionar aos sujeitos uma consciência verdadeira, para que venha perceber de forma nítida sua relação com o ambiente, não aceitando de forma irrefletida tudo o que lhe é apresentado. É a consciência verdadeira que favorece a autonomia, a fim de que o indivíduo tenha capacidade de julgar por si próprio e decidir sobre o que é bom ou ruim, sem se deixar influenciar pelos outros. Isto é educação: tomada de consciência da realidade que nos cerca.

É com a tomada de consciência que o homem poderá lutar de forma válida para a superação das atuais condições de vida decorrentes do sistema de produção vigente. Segundo Adorno, a educação como promotora de autocrítica revela-se quando o indivíduo passa a pensar sensivelmente. A falta de sensibilidade é uma das características daqueles que são desprovidos de autoconsciência e, portanto, autoritários. Para o autor, "é preciso evitar que as pessoas golpeiem para os lados sem refletir a respeito de si próprias. A educação tem sentido unicamente como educação dirigida a uma autorreflexão crítica" (Adorno, 1995, p. 121).

Pelo exposto, fica manifestada a importância que o filósofo frankfurtiano atribui à educação, ao lado da arte e da filosofia, acreditando na possibilidade de uma mudança social e da concretização de uma sociedade verdadeiramente democrática, emancipada. Adorno, apoiado na visão kantiana, define que

[...] menoridade ou tutela e, deste modo, também a emancipação,

102

afirmando que este estado de menoridade é auto-inculpável quando sua causa não é a falta de entendimento, mas a falta de decisão e de coragem de servir-se do entendimento sem orientação de outrem, sendo assim a definição de esclarecimento nada mais é que a saída dos homens de sua auto-inculpável menoridade. (Adorno, 1995p. 169).

Para este autor, somente por meio de sujeitos emancipados, sensíveis e ativos, será possível a transformação da realidade. Ele afirma: "[...] de certo modo, emancipação significa o mesmo que conscientização, racionalidade" (Adorno, 1995, p.143). Nesse sentido, a educação seria a responsável por propiciar o desenvolvimento de pessoas emancipadas e por isso o ideário educacional vigente deve ser revisto e a realização educativa deve dirigir-se ao desenvolvimento da autorreflexão, da crítica e fundamentar-se nos postulados humanísticos e sócio históricos.

Em suas obras, Adorno critica o processo pedagógico levado a efeito na sociedade capitalista, posto que nela esse processo torna-se mera ferramenta da indústria cultural, converte-se em processo de alienação. Da educação é tirada a função de possibilitar que o homem venha a dominar os conhecimentos científicos, artísticos, humanos, venha desenvolver a autorreflexão e a capacidade crítica, para entender a realidade, tornando-se capaz de propor transformações. Além disso, no contexto onde vige o capitalismo, a educação escolar afasta-se de seu objetivo de formar seres humanos conscientes e autônomos. Nesse tipo de sociedade, a educação converte-se em mercadoria, provocando a deformação da consciência.

Para Adorno, o processo educativo pode tornar-se uma resistência à indústria cultural, desde que enfatize a dignidade humana, privilegie o respeito às diferenças e contribua para formação da verdadeira consciência.

Desse modo, o autor afirma educar não é modelar pessoas, não temos o direito de modelá-las com base no seu exterior. Ele contrapõe-se à educação como mera transmissão de conhecimentos e que é preciso pensá-la como processo e em sua função de conduzir o indivíduo ao desenvolvimento de uma consciência verdadeira.

Formação – para quê? Ou Educação - para quê? A intenção não era discutir para que fins a educação ainda seria necessária, mas sim: para onde a educação deve conduzir? A intenção era tomar a questão do objetivo educacional em um sentido muito fundamental, ou seja, que uma tal discussão geral acerca do objetivo da educação tivesse preponderância perante a discussão dos diversos campos e veículos da educação. (Adorno, 1995. p. 139, 140).

Na visão adorniana, educação consciente é aquela mediante a qual os indivíduos, com a intenção central de pensar uma proposta educacional, sejam competentes para planejá-la do ponto de vista da emancipação humana e de forma que se concretize a formação de sujeitos capazes de tomar decisões conscientes, de modo a gerir suas próprias vidas.

1.5 MÚSICA E EDUCAÇÃO MUSICAL EM THEODORO ADORNO

Neste item, buscaremos mostrar a influência da formação musical de Adorno em suas concepções de educação musical.

Ele iniciou sua formação musical, seus estudos musicais, ainda muito jovem. Graças aos estudos, às experiências e vivências no âmbito familiar, tornou-se um respeitado músico e compositor. Em Viena estudou composição com Alban Berg, um importante compositor da revolução musical do século XX. Como filósofo e sociólogo, Adorno escreveu vários estudos sobre a música, dentre eles: *A situação social da música*; *Sobre o jazz*; *O caráter fetichista da música*; *Regressão da audição*; *Fragmentos sobre Wagner*; *Sobre música popular*; *Sociologia da música* (Arantes, 1996, p. 2).

Segundo Schilling (2003), em 1934, na Inglaterra, Adorno lecionou na Universidade de Oxford. Mudou-se para os Estados Unidos e quatro anos depois a convite de seu amigo Max Horkheimer ocupou o cargo de diretor musical do setor de pesquisa da Rádio da Universidade de Princeton. Logo se tornou vice-diretor do projeto de pesquisa sobre discriminação social da Universidade da Califórnia, em Berkeley. Com o fim do estado nazista, retornou a seu país, em 1953, voltando a trabalhar na Escola de Frankfurt.

Acreditamos que o filósofo, adepto da teoria crítica, traz-nos uma concepção musical perpassada por forte influência de sua formação como músico e de sua formação como sociólogo, refinando sua visão por ângulos crítico e artístico-musical, comprometidos com os problemas das sociedades de classes.

Para os antigos, a arte é a revelação do belo, mediante o uso de diferentes meios de expressão, como a arte sonora, música, na qual a matéria-prima é o som. A música leva consigo um conceito filosófico, físico, histórico e cultural. Dentre os mais comuns, está o de que arte musical é combinar os sons. Segundo Med (1996), esta definição vem sendo cultivada desde as mais remotas eras. Os chineses, três mil anos antes de Cristo, já desenvolviam teorias musicais complexas como círculo das quintas. Para os gregos e romanos, a musa Euterpe tinha a atribuição especial de proteger a música. Para os católicos a padroeira dos músicos é Santa Cecília, uma musicista que foi sacrificada no ano 232 d.C. (Med, 1996).

De acordo com Abbagnano (2007), o primeiro conceito filosófico de música é de revelação ao homem como uma realidade privilegiada e divina, que pode assumir a forma de conhecimento ou de sentimento. A segunda concepção filosófica é de que a música é uma técnica ou um conjunto de técnicas expressivas que organiza, em sintaxe, os sons. Ambas as concepções possuem um traço fundamental em comum: a separação da música como arte "pura", das técnicas em que esta se realiza. Abbagnano salienta que a doutrina da música como na ciência da harmonia e harmonia como ordem divina do cosmos nasceram com os pitagóricos. Já a doutrina da música como auto revelação do princípio cósmico tende a privilegiá-la acima de todas as outras artes ou ciências, fazendo dela a mais direta via de acesso ao absoluto - característica própria da concepção romântica (Abbagnano, 2007).

Para Cunha (1982), música é ação humana expressa em som, silêncio e ritmo, ação que pode resultar em um objeto comunicante, em uma forma musical. Seguindo esse processo de construção do objeto, "na composição o homem utiliza sua razão e é consciente daquilo que constrói, entretanto o que levará ao produto final é a percepção", ou seja, segundo o autor, a música foi feita para ser percebida (Cunha, 1982, p. 156).

Já para Adorno, a pedagogia musical tem o objetivo de potencializar a capacidade dos estudantes de maneira que desenvolvam a compreensão da linguagem musical e das obras mais relevantes, para que sejam capazes de interpretar essas obras como resultado necessário para uma compreensão que os leve a distinguir qualidades e níveis, em virtude da precisão da intuição sensível e, por meio dela, da percepção do componente intelectual que determina o conteúdo de cada peça musical e sua totalidade (Adorno, 2009).

Na visão deste autor, a arte deve ser vista como construção histórica e não somente como uma satisfação do chamado instinto lúdico. Não deve também estar a serviço de qualquer função planejada. Na verdade, quando os indivíduos vivenciam autênticas criações artísticas, percebem e interiorizam a oportunidade de refletir além da mera existência da obra.

Para o autor, a pedagogia musical apregoada em sua época orientava-se segundo um conceito filosófico de estabilidade incerta, entretanto poderia promover a superação dessa instabilidade por meio da consciência de seus próprios limites e de sua realização.

Assim, segundo Adorno, o indivíduo "teria de renunciar a todo o meio de estimulação da psicologia de massa, a toda atividade coletiva, a todo afã de uso e utilidade prática, se não deseja destruir precisamente aquilo que há de cultivar com palavras demasiadamente nobres" (Adorno, 2009 p.110).

Para este autor frankfurtiano, a arte é percebida no todo e nas pequenas partes de sua criação, na sua concretização, ela é imersão no único, no singular. Para chegar a este caminho da unicidade do fenômeno artístico, é preciso uma educação musical pensada, pois

> a intenção de transformar a educação musical em uma educação da sensibilidade artística, quer dizer, em outros âmbitos materiais da arte e sobretudo na chamada educação inclusiva do ser humano integral, tem causas materiais sólidas, a saber, o empenho de sustentar as profissões pedagógico-artísticas ameaçadas pela transformação da estrutura social mediante a criação de cartéis e uma ideologia eficazes. (Adorno, 2009, p.117).

Nas palavras deste autor, o valor formativo geral e, sobretudo, o valor moral da música como uma tradição segundo a antiguidade clássica, têm na atualidade, por certo,

> A desintegração ameaça hoje e desde sempre uma unidade da pessoa que antigamente estava fora de toda dúvida e a neutralização da arte como um bem cultural que se consome, sem que se perceba o relevante conteúdo estético que vai além do conteúdo estético, é conforme a dita desintegração. (Adorno, 2009, p.119).

O autor defende que a música não pode estar somente na perspectiva de suprir as necessidades e carências do indivíduo, deve, sim, levar o homem a uma construção crítica e ética da música como fenômeno artístico.

1.6 APRECIAÇÃO ESTÉTICA MUSICAL EM THEODOR ADORNO

O conceito adorniano de apreciação estética musical segue uma visão de que a arte não se torna mais humana quando incorporada às sociedades, principalmente para satisfazer o lúdico ou para desempenhar qualquer função planejada. Por outro lado, o contato com a arte pode possibilitar a percepção pelo indivíduo daquilo que ultrapassa a mera existência da arte e com isso ela pode ir além de sua visão de mundo. Essa experiência estética na apreciação musical tem por finalidade devolver vida à música no que ela tem realmente em grandeza (Adorno, 2009, p.110).

Em relação à apreciação musical, seria útil retomar a teoria gestaltista, segundo a qual nenhum todo é a soma das partes e não se pode "edificá-lo desde as partes, desde o mais primitivo, a não ser que um jogo assombroso impere entre os elementos e a totalidade, que ambos sejam gerados um a partir do outro e que somente estes se concebam entrelaçados" (Adorno, 2009, p.120).

Conforme o autor, um exemplo para compreender a apreciação musical e os elementos que a constituem em suas partes e o todo seria primeiramente escutar, desde a infância, música relevante e articulada ao objetivo de desenvolver uma percepção consciente e absolutamente "compreensível". Adorno exemplifica a audição primitiva de uma criança, quando ouve música de câmara executada pelos adultos, indiretamente de sua cama de dormir, por volta de meia hora. Por meio dessa percepção, a criança apreenderá nesse tempo as células da música mais do que se fossem organizadas em sessões de atividades com intérpretes musicais (Adorno, 2009).

Assim, para Adorno, o acesso a uma cultura musical original desde o cotidiano até situações planejadas pode gerar processos formativos em música. Desse modo, fica visível que ele valoriza a escuta musical da criança.

Para o autor em foco, o conceito de estética constrói-se mediante uma visão que dê valor ao conhecimento singular, à tradição, a tudo aquilo que possa vir a contribuir para uma reflexão sobre a forma da obra de arte, sobre sua articulação, sobre seu caráter histórico e suas particularidades como um todo. Destaca que esses conhecimentos permitirão ao sujeito trazer à tona o teor de verdade que se esconde no caráter enigmático da obra, e que este primeiro contato com a obra de arte, o mais primário porque se trata de uma dimensão sensível imediata, é apenas um momento dessa experiência estética. Ela só se tornará completa, quando estiver acompanhada de uma visão crítica e reflexiva desta interpretação. Assim,

> [...] apenas através do comentário e da crítica, portanto, apenas através da reflexão que a obra de arte põe em jogo de acordo com sua própria lógica, é verdadeiramente possível a experiência completa de obra de arte, e apenas através destes momentos a obra de arte volta a si mesma ou [também, apenas] através desses momentos podem conceber em vocês verdadeiramente a obra de arte. (Adorno *apud* Petry, 2015, p.7-17).

Para a concepção crítica de base marxista e teórico-crítica, a música é uma produção humana, que pode ser ou não arte, pois tem perdido a sua aura, conceito de Walter Benjamim (Benjamin, 1985) e tem se tornado mercadoria. Se música é arte e arte é um trabalho humano, a música pode remeter à alienação como ocorre com o trabalhador explorado pelo sistema de acumulação do capital. Para Adorno:

> [...] quanto mais elaborado o produto cultural, menor sua aceitação pela
> população envolta e ideologicamente estrangulada pelos modos de produção
> capitalista, de modo que, sendo menos procurados, tais objetos, vistos como
> produtos especializados, acabam por ocasionar incômoda fissura entre sua
> essência e sua própria condição de objeto. (Adorno, 2011, p.17).

Por se tratar de uma produção que está além do resultado, do produto e que contém processos de comunicação artística, a música é um forte elemento cultural de transmissão de ideias, de pensamento, de atitudes e de valores. Adorno afirma que:

> A arte não está acima do bem e do mal, mas ao seu lado. Advém de precisas
> circunstâncias sociais, mas sobrevive ao julgamento maniqueísta que deseja
> atrelar toda tecnicidade a seu conteúdo ideológico que, na maior parte das
> vezes descobre-se ambivalente. (Adorno, 2011, p.37).

Segundo esse autor, quem assovia uma canção para si mesmo, acaba dobrando-se a um ritual de socialização. Por outro lado, a música pode ser um campo de resistência, mas não é somente um local de engajamento direto (como na música de protesto), é também local de resistência à indústria cultural e de o sujeito ser capaz de fazer ponderações. O conceito de música para Adorno envolve trabalho com o qual se produz: emancipação ou alienação, arte ou mercadoria, criação ou reprodução.

1.7 CONCEPÇÃO DE APRECIAÇÃO MUSICAL FUNDAMENTADA NO CONSTRUTIVISMO

Neste item, versaremos sobre as concepções de apreciação musical formulada por Esther Beyer e por Keith Swanwick, ambos, adeptos da psicologia construtivista de Jean Piaget. Os estudos em percepção musical e apreciação musical tem sido amplamente influenciados por esta vertente, o que pode ser constatado principalmente a partir da análise que realizamos junto aos trabalhos acadêmicos da área, o que discorreremos no item 2 à frente.

Segundo Ferrari (2014), Jean Piaget revolucionou o modo de encarar a educação de crianças, ao mostrar que elas não possuem a mesma estrutura de pensamento dos adultos e que constroem seu próprio aprendizado. Jean Piaget (1896-1980) foi o nome mais influente no campo da educação na segunda metade do século XX, a ponto de quase se tornar sinônimo de pedagogia, embora fosse biólogo, afirmasse não existir um método piagetiano e que nunca atuou como pedagogo. Como biólogo dedicou a vida para observação científica rigorosa do processo de construção do conhecimento pelo ser humano, particularmente pela criança.

Piaget criou um campo de investigação chamado de epistemologia genética, segundo a qual o pensamento infantil passa por quatro estágios desde o nascimento até o início da adolescência, quando a capacidade plena de raciocínio é atingida. As descobertas de Piaget tiveram grande impacto na pedagogia. Essas descobertas mostraram que a transmissão de conhecimentos é uma possibilidade limitada, e que não se pode fazer uma criança aprender aquilo que ela não tem condições de absorver. Mesmo tendo essas condições, a criança só vai se interessar por conteúdos cogentes em termos cognitivos. Para este estudioso, "educar é provocar a atividade" (Piaget *apud* Ferrari, 2014, p.57), ou seja, é estimular o interesse pelo conhecimento.

Nas palavras de Piaget, "o conhecimento não pode ser uma cópia, visto que é sempre uma relação entre objeto e sujeito" (Idem). Em outras palavras, a inteligência depende da ação do sujeito sobre o objeto em uma espécie de diálogo entre as estruturas internas e a realidade externa (Ferrari, 2014, p.56).

Para focalizarmos as concepções de apreciação musical apoiadas na teoria de Piaget, abordaremos o pensamento de Esther Beyer (1999).

Esther Beyer, doutora em Psicologia da Música pela Universidade de Hamburgo, foi professora e pesquisadora em uma linha claramente piagetiana. Coordenou várias investigações na área de aprendizagem musical. A autora, ofereceu uma forte contribuição para área de psicologia da música no Brasil.

Beyer (1999), estabelecendo uma relação entre música e artes visuais, afirma: a música é uma arte que acontece ao longo do tempo, já as artes visuais ocupam um lugar no espaço. Segundo a autora, uma tela de um pintor permite que se retorne a ela quantas vezes quiser. O mesmo não ocorre com a música, pois trata-se de uma arte que se realiza no tempo, acontece em uma sucessão e simultaneidade de sons nas quais deixam de existir. Quando executada ao vivo, a música se modifica a cada nova execução, constitui um fenômeno passageiro, realizado em movimento constante. Depois de algum tempo de a música soar, os sons que estiveram presentes no início da obra só poderão existir "na mente" do ouvinte, intérprete e compositor (Beyer, 1999, p.16).

A apreciação musical para Beyer está correlacionada com a cultura da realidade onde é desenvolvida. De acordo com ela, quanto mais fechados somos para a diversidade, menos amplas serão nossas escolhas. Por outro lado, se formos abertos às diferenças, maiores serão as opções de escolha. Beyer e Kebach afirmam que:

> [...] as ações humanas estão imersas em uma realidade social, cujas lacunas afetivas e instrumentos materiais e espirituais derivam do contexto de valores

<blockquote>culturais, que demandam do sujeito ações e motivações. Essas ações inserem-se em um quadro de possibilidades de objetos e sua época. (Beyer e Kebach, 2009, p.7)</blockquote>

Para as autoras, a educação musical tem um papel importante na abertura de possibilidades de diferentes escutas e compreensão das variedades de organizações sonoras produzidas na diversidade cultural, gerando situações que privilegiam novas maneiras de organização sonora (Beyer e Kebach, 2009). Nesse contexto, "a apreciação é uma troca entre diferentes universos de pessoas, em que vivências pessoais, aprendizagens, perspectivas de mundo fundam-se, canalizam-se para emitir uma opinião ou recriação de uma música" (Ibid, p.124).

A música existe em todas as culturas e encontra uma função em vários sistemas educacionais não pelas circunstâncias de seus serviços ou de outras ações, mas porque é uma forma simbólica. Está em toda parte, nas festas, nos rádios nas ruas, no trabalho, nos automóveis, nos aviões. Todo indivíduo em seu cotidiano ouve música. Diante dessa realidade, Beyer faz a seguinte ponderação: o indivíduo ouve música em seu cotidiano, mas não sabe descrever a característica da música que ouve. Isso demonstra que a música é algo para usufruir, curtir, dançar, tocar, mas não algo para saber. "Parece formar-se, assim, dois mundos de existência da música: o saber fazer música e o saber pensar música" (Ibid., p.10). Para a autora, esse é o ponto de conflito, pois o saber fazer música é declarado como domínio de todos, já o pensar música fica restrito à competência de alguns poucos.

Essas contradições não estão longe da educação musical. A autora assegura que elas existem na área da educação musical e não acontecem só na atualidade, mas desde os tempos remotos. As contraposições têm sido apontadas e discutidas pelos filósofos como a contradição "corpo-mente", arrastando-se ao longo dos séculos: o que o corpo faz parece ser — ou se deseja que seja — completamente independente daquilo que a mente pensa (Beyer, 1999, p.11).

A autora salienta que a música como conhecimento requer informações, contextualização histórica, conteúdo sobre a estrutura do discurso musical, as características do som, seus significados entre outros, ou seja, requer teoria, reflexão, apreciação e análise do discurso musical.

Referindo-se a Piaget, Beyer lembra que, mesmo sem a intenção de colaborar com a aprendizagem musical, esse teórico contribuiu para a compreensão dos processos cognitivos que viabilizam a aprendizagem durante a infância. Esse benefício se deu por meio da Epistemologia Genética. Piaget sistematizou o desenvolvimento do pensamento lógico-físico-matemático e, graças a essa pesquisa, colaborou com diversos domínios, inclusive com a música. Com essa visão, os professores têm procurado estudar como pensam as crianças durante seu processo de desenvolvimento cognitivo-musical especialmente quando se colocam em uma abordagem interacionista de aquisição do conhecimento. Beyer foi uma das primeiras pesquisadoras no Brasil a lançar hipóteses sobre a relação da psicogenética com a música. Assinala que, segundo Piaget,

> [...] é através da ação sobre o objeto que o bebê vai formando os esquemas sensório-motores, sendo esta ação modificada, e modificadora, ao longo de vários estágios do desenvolvimento até chegar então nas operações formais no pensamento. Ou seja, de uma ação preponderante do "corpo", o ser humano vai passando por um desenvolvimento até alcançar um tipo de ação onde prepondera a atividade da "mente". Corpo e mente, são, portanto, partes indissociáveis na cognição humana. (Beyer, 1999, p.13).

A autora referenciada considera a teoria de Piaget sobre os estágios do desenvolvimento humano importante para educação musical e ressalta que é a atividade da representação mental que possibilita ao ser humano um fazer musical em dimensões mais amplas. Muitos fazem música de forma inconsciente e, segundo a teoria piagetiana, este fazer musical explicar-se-ia pela atividade, que não requer necessariamente a representação mental da música (Beyer, 1999).

Na atividade representativa, o indivíduo começa a formar imagens mentais sobre os sons que ouvem. Essas imagens, baseadas na audição musical, são denominadas imagens aurais. Elas propiciam que o indivíduo evoque simbolicamente a realidade musical ausente e também que o sujeito memorize músicas, tenha lembranças e até mesmo evoque as conhecidas ou fragmentos destas. Com a soma da representação operatória, torna-se possível variar, transformar e analisar músicas com mais abrangência (Beyer, 1999).

Outro pesquisador e educador musical que se inspirou na obra de Piaget foi o britânico Keith Swanwick. Segundo ele, o homem se desenvolve por etapas como em uma espiral. Afirma que a música "é uma forma de discurso tão antiga quanto a raça humana, um meio no qual as ideias acerca de nós mesmos e dos outros são articuladas em formas sonoras" (Swanwick, 2003, p.18).

Em sua teoria, concebe haver no ensino da música três princípios. O primeiro é considerar a música como discurso. Esse princípio implica que o aluno leve sua consciência musical do último para o primeiro plano. O segundo princípio consiste em atentar para o discurso musical dos alunos, o que significa observar durante o processo de aprendizagem os conhecimentos trazidos pelos alunos; o terceiro princípio está na fluência do início ao final. Para o estudioso, se a música é uma forma de discurso, então é análoga, embora não idêntica, à linguagem. Sentimento não serve somente como caminho para o pensamento, é "uma parte integral de nosso processo cognitivo. O autor assevera que a música não é só um caminho de conhecimento, de pensamento e de sentimento. Naturalmente em alguns aspectos a atividade musical é única" (Swanwick, 2003, p.25). Nessa perspectiva, este autor salienta que

A música realiza um trabalho especial, a fim de que palavras ou imagens visuais sejam menos satisfatórias ou, frequentemente, impossíveis. Mas isso não está totalmente isolado de outros aspectos da mente humana, escondido em alguma área remota de nosso sistema nervoso, separado de outros caminhos criativos. (Swanwick, 2003, p.25).

Para Swanwick (2003 p. 38), "o significado e o valor da música nunca podem ser intrínsecos universais, mas estão ligados ao que é socialmente situado e culturalmente mediado". A música não possui somente um papel na reprodução cultural e na afirmação social, mas também possui um potencial para promover o desenvolvimento individual, a importância de compreendermos a música nas diversidades culturais, no discurso musical e como um a renovação cultural, a evolução social, a mudança (Swanwick, 2003).

Quanto à apreciação musical, este autor a destaca como elemento de reflexão cultural. Assegura também que a música torna possível a refração cultural, ver e sentir de novas maneiras.

Swanwick preocupa-se com estruturas pedagógicas voltadas para aprendizagem musical construtivista, visão piagetiana, que considera o contexto dos alunos.

1.7.1 Apreciação e Fruição Musical em Esther Beyer

Em suas pesquisas, Beyer tem procurado traçar um panorama geral da educação musical, a fim de que assim se possa entender os caminhos pelos quais essa educação percorreu:

Ao compreender sua trajetória, poderemos, quem sabe, reconhecer as inferências significativas de pensares e fazeres já instituídos pela música na atualidade, articulando buscas pedagógicas cada vez mais adequadas e coerentes com uma educação musical concebida como construção. Do contrário, a diversidade de métodos e estratégias propostos à alfabetização musical se perderá nos "achismos" e "modismos" destituídos de uma fundamentação teórica. (Beyer 1999, p. 59 - 60).

De acordo com a autora, na história da música, há dois grandes momentos bem distintos: um antes e outro depois do século XX. Ela aborda esses períodos com base em concepções pedagógicas, que, direta ou indiretamente, se relacionam. Opondo-se à "tradição" (visão que era valorizada e praticada durante séculos), a pesquisadora vislumbra, nas primeiras décadas do século passado, um trabalho pedagógico transformador de "sensibilização à música".

A autora percebe que o fazer musical, a exploração sonora, a escuta, a improvisação, a expressão corporal, a composição, a comunicação de sentimentos, a experiência social e a utilização dos instrumentos tomam lugar de destaque no ensino musical, estendendo-se no Brasil. Nessa proposta pedagógica, encontram-se trabalhos de Carl Orff, Violeta Hemsy de Gainza, Émile Jaques Dalcroze, Zoltán Kodály, entre outros (Beyer, 1999).

Para a estudiosa, a alfabetização com enfoque na "sensibilização à música", de modo geral, deixava a desejar no sentido de negligenciar a experiência do aluno como sistema representativo musical, privilegiando a prática. Beyer destaca que nenhum dos enfoques utilizados, tradição e/ou sensibilização à música, preocupa-se com a concepção pedagógica subjacente à alfabetização musical (Beyer, 1999). Contrapondo-se às atuações pedagógicas anteriores, afirma:

[...] estamos buscando uma alfabetização que parta do fazer musical que tem sentido para criança e da construção de suas hipóteses sobre o sistema representativo musical, repensando estratégias de intervenção que possibilitem promover a aquisição e o desenvolvimento da linguagem musical. (Beyer, 1999, p.64).

Para a autora, a linguagem musical não se caracteriza somente como experiência intelectual, é complementada pelo conhecimento e pelas habilidades estabelecidas por meio da prática comunicada e dialogada. "Apreciação é o ato de apreciar; estima avaliação; julgamento; observação. Consiste então em uma atividade de base, reflexão, de atribuição de significados à música e à prática musical" (Larousse *apud* Beyer, 1999, p.28).

De acordo com essa visão, durante a apreciação musical, a criança, além de desenvolver o senso crítico (estético) e analítico (forma, tonalidade e estilo), abre novos horizontes para responder à música de formas diferenciadas cognitiva e subjetivamente conforme o que sente e vivencia durante a experiência com a música (Bastião *apud* Bayer, 1999, p.29).

Quanto à apreciação como processo de construção do conhecimento musical, Bamberger considera que:

> [...] ouvir música é um processo instantâneo de resolução de um problema
> perceptual, ou seja, um processo ativo de dar sentido a algo. Ouvir de um
> modo novo diferente é uma forma de enriquecer a compreensão musical.
> Ouvir é uma atividade tanto criativa como receptiva entre a música (matéria)
> e o ouvinte, que é quem significa e personaliza a matéria musical. (Bamberger
> *apud* Beyer e Kebach, 2009, p.131).

Para a pesquisadora, a apreciação permite que as crianças construam esquemas mentais que possibilitarão novas produções sonoras. Posteriormente as crianças organizarão seu pensamento sobre forma, timbre, ritmos, intensidades e dinâmica. Desse modo, obtêm resultados em suas execuções ou criações, além de uma experiência musical abrangente, o que serve como complemento às demais experiências, tais como de execução, ação e fruição (Beyer e Kebach, 2009).

A fruição musical acontece em uma esfera na qual a subjetividade dos homens se revela, em particular nas crianças em que: ouvir música, cantar e dançar, mais do que consumir, é fazer parte, estar junto e sozinho, ao mesmo tempo é sentir alegria e tristeza, dor, ansiedade, prazer físico e desejo (Subtil, 2003).

Para Beyer e Kebach, a tarefa de buscar significado para audição de uma obra musical reflete-se na percepção e permite que a essa percepção faça ligação do caráter com sensações subjetivas que permeiam a obra. Mexe com emoções que ainda não são bem compreendidas pelas crianças, mas estão lá, há muito, na raiz da condição humana de sentir, intuir e revelar (Beyer e Kebach, 2009).

1.8 PROPOSTA DE APRECIAÇÃO MUSICAL DE ADORNO PARA FRUIÇÃO COM QUALIDADE CRÍTICA

Um ideal educativo musical para fruição crítica, como Adorno pressupõe, pode ser pensado desde a escolha responsável do repertório musical feita pelo educador, que deve levar em conta a compreensão dos alunos em relação ao novo. Assim procedendo, o professor desperta a reflexão do aluno.

> As crianças que desde o princípio não se despojaram do desejo não marcado e
> de tudo aquilo que sobre passa o âmbito de experiência demarcada, a
> capacidade de entendimento é muito maior que a dos professores, a quem já
> despojou de tudo isso e estão dispostos a aceitar. (Adorno, 2009, p.116).

Segundo Adorno, no trabalho educativo, os professores são responsáveis pela escolha de repertório, o que deve ser feito com critério analítico, observando-se a qualidade ética e estética, sempre se resguardando da visão do todo em suas relações dialéticas com as partes, auxiliando o aluno ao desenvolvimento da crítica perante as propostas da cultura de massa. Por inexperiência, o aluno pode vir a ser iludido por repertórios cujo gosto está diretamente influenciado pela mídia (indústria cultural).

> [...] A repetição de certas formas, acordes e modos musicais que são parte de uma cultura e que reproduzem padrões dominantes de ouvir, gostar e sentir facilita a afinidade com sentimentos ancestrais como amor, saudade, desejo, raiva, ternura, entre outros. Os produtores da indústria cultural vão apropriar-se disso para atuar de forma competente na produção de objetos que toquem exatamente nesses sentimentos. (Subtil, 2003, p. 65).

Adorno entende, de modo diverso à abordagem de Esther Bayer, que preparar o aluno para essa visão da expressão sensível e crítica da arte, habilita-o para o exercício do discernimento e da criatividade e para a plena realização. O autor considera que a educação musical é libertadora e capaz de levar o indivíduo a uma compreensão espiritual que se faz essencial na formação integral do ser humano.

Para Adorno, o único caminho para o conhecimento musical intrínseco é aprender a "mergulhar" intelectualmente em cada obra, de forma que a totalidade do resultado sonoro seja alcançada por meio de uma estrutura intelectual. Deve-se usar a análise musical para explicar ao estudante que desde as primeiras peças estudadas e com as quais venha ter contato sejam analisadas de acordo com sua função na estrutura e relevância construtiva (Adorno, 2009).

A respeito da percepção musical, o autor ressalta que a análise não pode assumir caráter extramusical, ou seja, esta deve ser feita com elementos puramente musicais, a saber, cada tom, cada silêncio, cada motivo, cada frase e esta pode ser indicada para o que se propõe. Deve-se preocupar com o todo a partir da dinâmica composicional das partes.

> [...] Este tipo de análise terá que ser medida, talvez, dependendo do grau de compreensão dos estudantes, mas deve começar muito antes por ele do que por um sistema pedagógico que manipula uma teoria por si mesma, separada das obras e tão geral que a relação entre os conceitos adotados e aparentemente teóricos e a composição concreta não estão ligado sem absolutos. (Adorno, 2009, p.115).

Em síntese, Adorno defende que a apreciação musical nos processos formativos acontece desde a escolha responsável do repertório feito pelo educador com critério analítico, com qualidade ética e estética potencializando a percepção do aluno perante as propostas midiáticas. O autor acredita que a educação musical pode ser libertadora e pode conduzir a uma compreensão estética, a qual se faz importante na formação integral do indivíduo. Ressalta que para se chegar a uma apreciação genuína (sem elementos extramusicais) o principal caminho a ser seguido é a análise musical feita por meio de uma lógica intelectual de acordo com sua estrutura.

Adorno, de modo complementar às teorias de Swanwick, procura ressaltar a produção histórica da música, colocando-a no campo discursivo, música-como-discurso, com bases filosóficas sociais e pedagógicas, acreditando no potencial formativo da arte bem como na possível emancipação do indivíduo. Em seu ideário formativo, Adorno defende que os alunos devem ter acesso profundo às obras historicamente valoradas como também acesso àquilo que há de melhor na produção musical humana, pois, sem esse acesso, a educação musical não consegue efetivar de modo real a democratização das artes, da música e da cultura.

2 METODOLOGIA E COLETA DE DADOS

Neste item, abordamos os procedimentos de coleta de dados utilizados nesta pesquisa. Como se trata de uma investigação cujos objetivos são de natureza social, optamos pela abordagem metodológica predominantemente qualitativa. Discorremos sobre o universo da pesquisa, os instrumentos de coleta de dados e informações, bem como explicitamos as categorias de análise.

Inicialmente, no item um, procedemos a uma revisão da literatura, a fim de definirmos as obras e os autores de fundamentação teórica do trabalho. Dois momentos se seguiram: pesquisa documental e pesquisa de opinião (*survey* e *e-survey*). A pesquisa documental consistiu em seleção e leitura de artigos da Revista da Associação Brasileira de Educação Musical — ABEM — para identificarmos as que trazem artigos com a temática da apreciação musical.

Também procedemos a uma pesquisa *survey* e *e-survey* para realizar um levantamento de opinião de professores de música acerca da apreciação musical e também para apreender como esses profissionais se relacionam em termos apreciativos com a música. Com a pesquisa documental e o levantamento de opinião dos professores, tivemos como objetivo examinar como está sendo tratada a temática apreciação musical no campo da pesquisa e da prática cotidiana daqueles que estão responsáveis pelo ensino de música. Os dados coletados foram organizados e analisados de forma a dar acesso às informações a respeito da apreciação musical nesses contextos.

2.1 PESQUISA DOCUMENTAL

Realizamos um estudo dos artigos da Revista da ABEM que foram publicados entre os anos de 1992 a 2015. Com a intenção de coletar informações e dados, investigar e analisar publicações que tratam da temática apreciação musical na produção científico - pedagógica, selecionamos 36 artigos da referida revista, os quais foram submetidos ao exame e análise de conteúdo, identificação do objeto de estudo através de palavras chaves, título, resumo, questão da pesquisa, possibilitando a interpretação e posteriormente conclusões.

> [...] A etapa de análises do documento propõe-se a produzir ou reelaborar conhecimentos e criar novas formas de compreender os fenômenos. É condição necessária que os fatos devem ser mencionados, pois constituem os objetos da pesquisa, mas, por si mesmos, não explicam nada. O investigador deve interpretá-los, sintetizar as informações, determinar tendências e na medida do possível fazer a inferência. (Sá-Silva, Almeida, Guindani, 2009, p.10).

Neste estudo, levamos em consideração o contexto histórico no qual os artigos foram escritos, tal como fizeram em estudos anteriormente realizados nesta mesma linha (Campos, 2005a). Para a busca dos dados, foram realizadas leituras dos artigos, que foram separados por categorias, que contemplam a proposta deste estudo. Em uma lista foram especificados os seguintes elementos de identificação: revista, volume, ano e título do artigo. Os 36 artigos foram analisados segundo sua identificação, natureza das categorias específicas, para facilitar a análise e contextualização.

Adotamos as seguintes categorias, agrupadas em três partes, para organizar os artigos:

- Identificação: Título do trabalho; autor(es); revista (num. ano. pág.); resumo; palavras-chave; questões da pesquisa; objetivo geral; objetivos específicos.

- Métodos e referências: abordagem da pesquisa; metodologia da pesquisa; coleta de dados; análise de dados; referenciais da abordagem e metodologia.

- Ideário de 'apreciação musical': relevância da apreciação; concepção de apreciação musical; referencial bibliográfico de apreciação musical; resultados e conclusão.

Buscamos investigar as ligações entre os diversos artigos, com o intuito de apreender as correlações e associações entre eles, procurando organizá-los em linhas de conhecimento e destacar, assim, a linha da 'Educação Musical Crítica'.

2.2 ANÁLISE DE CONTEÚDO

A análise de conteúdo dos artigos pautou-se por uma descrição sistemática, quantitativa, com o objetivo de reinterpretar as mensagens e ideias dos autores dos artigos publicados nas revistas da ABEM e selecionados com o foco na temática da apreciação musical em uma perspectiva crítica. Buscamos com essa análise uma compreensão no campo da escuta musical que acreditamos estar atrelada ao campo social. A respeito da análise de conteúdo, Moraes afirma que essa análise

> É uma ferramenta, um guia prático para a ação, sempre renovada em função dos problemas cada vez mais diversificados que se propõe a investigar. Pode-se considerá-la como um único instrumento, mas marcado por uma grande variedade de formas e adaptável a um campo de aplicação muito vasto, qual seja a comunicação. (Moraes, 1990, p.37).

Por meio do método de investigação documental, foi feita uma lista dos artigos relacionados à temática apreciação musical e procedeu-se à leitura de revistas disponíveis online, para obter uma visão geral dos artigos, com objetivo de compreender as temáticas e os procedimentos para o processamento de dados científicos cabíveis. No passo seguinte, cada parte do artigo foi transcrita para um formulário online (http://goo.gl/forms/vlNFQlLyrJ) com a intenção de aprofundar a análise, com base no resumo de cada artigo e nas palavras-chaves, a fim de apreendermos que linha de pesquisa os autores defendem e atingir uma compreensão de seus significados temáticos, teóricos e metodológicos. Esse tipo de análise tem sido amplamente usado nos processos de aproximação a dados coletados em documentos ou registros.

Em seguida, foi feita uma apuração para compreendermos se os autores dos artigos estão tratando a apreciação musical como processo de aprofundamento na formação musical de forma superficial.

Foram agrupados elementos, ideias centrais dos artigos, tipo de pesquisa e a metodologia utilizados pelos autores. Buscamos verificar também se os escritores dos artigos fazem referência à metodologia de pesquisa e aos métodos utilizados. As respostas encontradas eram enviadas para uma tabela de análise *online* para agrupar conceitos por categorias.

Segundo Minayo,

> A palavra categoria, em geral, se refere a um conceito que abrange elementos ou aspectos com características comuns ou que se relacionam entre si. Essa palavra está ligada à ideia da *classe* ou *série*. As categorias são empregadas para se estabelecer classificações. (Minayo, 1994, p.70).

Durante a análise, buscamos investigar como é tratada a apreciação musical se de forma crítica ou acrítica, com a finalidade de compreender o ideário pedagógico dessa vertente da educação musical no Brasil nos artigos publicados na Revista da ABEM.

2.3 A TEMÁTICA APRECIAÇÃO MUSICAL NOS ARTIGOS DA REVISTA DA ABEM

Para fins de tratamento de dados quantitativos, procuramos identificar autores, concepções, técnicas de pesquisa e técnicas pedagógicas mencionadas nos artigos. Para esse levantamento quantitativo das publicações que abordam a temática "apreciação musical" nas revistas, foram consultadas 32 revistas disponibilizadas online, desde a primeira edição até o trigésimo segundo volume, publicado em 2015. As revistas estão disponíveis no site da Associação Brasileira de Educação Musical (ABEM)[5].

Inicialmente, procedemos a uma pré-análise para selecionarmos aqueles exemplares que tratavam da temática apreciação musical em seus títulos e/ou conteúdo. Posteriormente, por meio de leituras minuciosas foi feita uma nova filtragem em que restaram apenas 22 artigos da temática de forma precisa em seu conteúdo.

2.4 APLICAÇÃO DE QUESTIONÁRIOS COM PROFESSORES DE MÚSICA

A seleção do público alvo para responder ao questionário foi realizada com a intenção de obter uma quantidade significativa de respostas acerca do tema objeto deste trabalho. O questionário utilizado como critério de seleção dos participantes, *survey* e *e-survey,* foi aplicado com 102 sujeitos atuantes como

---

[5] Site da Associação Brasileira de Educação Musical (ABEM): Revistas da ABEM no link:
<http://www.abemeducacaomusical.com.br/revistas/revistaabem/index.php/revistaabem/index>

educadores musicais, professores com formação superior ou nível técnico. Conforme Gil (1999), o *survey* é utilizado com o intuito de burilar teorias ou conceitos, dando contornos ao estudo de temáticas específicas. Para o autor, o método de pesquisa *survey* visa à obtenção de dados ou informações sobre ações características ou opiniões recolhidas diretamente de pessoas, geralmente por meio de um questionário. Conforme explícito na literatura sobre pesquisa, a diferença entre a *survey* e *e-survey* é que nesta o questionário é respondido por intermédio de um link enviado por e-mail. Com a pesquisa *survey,* pretendíamos verificar a relação entre a prática pedagógica dos professores e a teoria proposta.

O questionário compõe-se de 22 questões estruturadas, definidas com intuito de verificar como a apreciação musical é tratada na escuta e cotidiano dos educadores. As questões estão disponíveis no link: <http://goo.gl/forms/8QW7918W5Z>.

Em agosto de 2015, foi aplicado o questionário contendo 22 perguntas, 102 sujeitos, em sua grande maioria professores de música, o responderam presencialmente ou via internet. Estes possuem formação técnica ou superior em música. Essas perguntas abordam os seguintes aspectos: a formação, tempo de atuação docente e nível de atuação em educação, tempo cotidiano de audição musical, meios utilizados para ouvir música, gênero e/ou estilo de música ouvidos, os gêneros, interpretes, compositores usados em sala de aula, nível de conhecimento do gosto musical dos alunos, tipo de contextualização da aula, abordagem dos assuntos trabalhados em sala de aula, opinião pessoal sobre o papel principal da apreciação musical, discernimento da qualidade musical e apreciação como nível formativo para o indivíduo.

As respostas ao questionário foram separadas em quatro categorias básicas: Identificação, Prática de apreciação musical, Aspectos pedagógicos ligados à apreciação musical, e Relevância formativa da apreciação musical. Cada uma dessas categorias compõe-se de questões específicas:

a) Identificação:
Grau de instrução em Música;
Tempo de atuação (estudo) na área musical;
Atuação como docente ou não;
Nível de atuação docente;

b) Prática de apreciação musical:
Costuma separar um momento para ouvir música,
Meios de acesso à música,
Frequência de escuta musical,
Gênero ou estilo de que gosta,

Que gênero da música erudita é mais ouvido,
Que gênero da música da mídia é mais ouvido,
Escrita de gêneros, estilos, composições ou interpretes mais ouvidos.

c) Aspectos pedagógicos ligados à apreciação musical:
Grau de conhecimento do gosto musical dos alunos;
Se um professor de música deve conhecer vários gêneros musicais,
Se há propostas de gêneros diferentes do gosto dos alunos ou se não considera isso,
Nível do uso da apreciação musical nas aulas;
Tipos de aulas de música adotadas: técnica instrumental, contextual, prática ou todas,
Origem do repertório trabalhado em sala de aula,
Postura didática em relação ao gosto musical dos estudantes.

d) Categorias e relevância formativa da apreciação musical:
Grau de relevância da apreciação musical em relação a outras abordagens,
Categoria ou característica da apreciação musical,
Consideração sobre níveis qualitativos musicais,
Consideração sobre o aspecto formativo da apreciação musical.

Com a aplicação do questionário, foi possível gerar tabelas com a síntese das respostas e ainda uma série de gráficos (não disponíveis aqui), que sintetizam as respostas coletadas.

3 ANÁLISES DOS DADOS

3.1 ANÁLISE DE CONTEÚDO DOS ARTIGOS

Após a seleção dos artigos de perspectiva crítica ou de perspectiva construtivista, fizemos uma leitura minuciosa das publicações, utilizando para registro das informações coletadas um formulário com as categorias anteriormente definidas. As informações coletadas foram transferidas para uma tabela de análise de conteúdo.

Segundo Gil (1999), a análise de conteúdo consiste em uma metodologia de pesquisa utilizada para relatar, interpretar e apurar conteúdos diversos de documentos e textos. Esses conteúdos são reinterpretados com objetivo de ir além de uma leitura superficial.

Apresentamos em seguida os descritores do formulário criado especificamente para esta pesquisa, a fim de que fossem analisados os artigos identificados como aqueles que abordam a temática da apreciação musical.

Formulário de pesquisa[6] – Apreciação musical nos artigos das revistas da ABEM

1. Título do trabalho
2. Autor (es)
3. Revista: número, ano, pág.
4. Resumo
5. Palavras-chave
6. Questões da pesquisa
7. Objetivo geral
8. Objetivos específicos
9. Abordagem da pesquisa:
Quantitativa
Qualitativa
Quantitativa e Qualitativa
Outro:
10. Metodologia da pesquisa
Survey (Pesquisa de Opinião)
Pesquisa Documental
Pesquisa Experimental
Estudo de Caso
Pesquisa de Observação
História Oral
Pesquisa Histórica
Pesquisa Participante
Pesquisa-Ação
Etnografia
Outro:
11. Metodologia (procedimentos de coleta de dados)
Questionários

---

[6] Baseada em: SOUZA, R. R.; MAGALHÃES, S. O. **Pesquisa sobre professores (as): métodos, tipos de pesquisa, temas, ideário pedagógico e referenciais**. Goiânia: Ed. da PUC Goiás, 2011.

Entrevistas
Grupo focal
Narrativas
Observação - anotações
Observação participante
Estudo de Documentos impressos
Filmagem
Fotografia
Áudio ou audiovisual
Outro:
12. Metodologia (procedimentos de análise de dados)
Gráficos e/ou Quadros e/ou Tabelas
Análise Técnica Musical
Mapeamento Conceitual (classificação taxonômica)
Análise Histórica ou Cultural (ampla)
Análise Fenomenológica
Análise de Conteúdo (significado)
Análise Hermenêutica (Crítica ou Dialética)
Outro:
13. Referenciais da abordagem e metodologia
Como listado nas referências bibliográficas (Autor. Título. Cidade: Editora, Ano.)
14. Relevância da apreciação musical
O trabalho possui uma preocupação formativa?
Seus resultados podem impactar em uma melhor formação do ouvinte?
O trabalho articula "apreciação musical" como um elemento genuíno da educação musical?
Não se aplica.
15. Concepção de apreciação musical
A apreciação musical está vinculada a questões:
Didáticas e metodológicas (como apreciar, onde e quando e de que forma);
Culturais – estilos e gêneros musicais (o que apreciar, músicas atuais ou do passado, na escola, mídias: TV, MP3, internet);
Perceptivas e fisiológicas do ouvido humano (abrangendo aparelho auditivo, ambiente acústico e a psicoacústica);
Da escuta e sentido do objeto sonoro (o que significa apreciar) [semiótica];

De crítica cultural, social, julgamento de valor e avaliação da qualidade dos produtos musicais e intenções de uso, função e valor (crítica, reflexão e valoração);

Outro.

16. Referenciais acerca de apreciação musical mencionadas pelos autores

Como listado nas referências bibliográficas (Autor. Título. Cidade: Editora, ano.)

17. Resultados: O autor articula os dados aos fundamentos teóricos?

O pesquisador apoia-se nos autores citados nos referenciais para apresentar/ discutir os resultados?

Sim

Não

18. Conclusão

Há articulação entre a problematização, os objetivos e os resultados apresentados nas considerações finais?

Sim

Não

Os itens do formulário de análise dos artigos foram agrupados em três categorias consideradas relevantes para análises de conteúdo:

- Identificação (itens de 1 a 8): título do trabalho; autor (es); revista (n. ano. pág.); resumo; palavras-chave; questões das pesquisa; objetivo geral; objetivos específicos;

- Métodos e referências (itens de 9 a 13): abordagem da pesquisa; metodologia da pesquisa; coleta de dados; referenciais da abordagem e metodologia;

- Ideário de apreciação musical (itens de 14 a 18): concepção de apreciação musical relevância da apreciação; referencial bibliográfico de apreciação musical. Resultados e conclusões.

3.1.1 Artigos de Perspectivas Construtivistas

Versaremos sobre os artigos que se enquadram na teoria construtivista (piagetiana), linha estudada por Beyer e Swanwick. Encontramos 11 publicações, que consideramos pertencer a esta perspectiva. Indicamos a seguir o número das revistas em que os artigos foram veiculados e o título destes:

- Revista número 2: Bases para uma metodologia da percepção e estruturação no 3º grau;

• Revista número 4: Pesquisa em Sociologia da Educação musical;

• Revista número 4: Um estudo sobre a *Sequenza* III, de Berio: para uma escuta consciente em sala de aula;

• Revista número 5: A Presença das raízes culturais na educação musical;

• Revista número 9: Apre(e)ndendo músicas: na vida e nas escolas;

• Revista número 10: A educação musical como prática educativa no cotidiano escolar;

• Revista número 15: Do discurso utópico ao deliberativo: fundamentos, currículo e formação docente para o ensino de música na escola regular;

• Revista número 21: Educação musical nas escolas de ensino fundamental e médio: considerando as vivências musicais dos alunos e as tecnologias digitais;

• Revista número 22: Estudo comparativo entre a apreciação musical direcionada e não direcionada de crianças de sete a dez anos em escola regular;

• Revista número 23: Relações entre prática musical, processamento auditivo e apreciação musical em crianças de cinco anos;

• Revista número 30: A audição em músicos profissionais: um estudo de caso;

Após essa análise inicial, constatamos que os artigos, em sua maioria, são da linha construtivista, pois se preocupam com o processo de aprendizagem, considerando as fases de desenvolvimento (teoria piagetiana). Em seu artigo, Gerling discorre sobre este processo:

> O processo de aprendizagem inicia-se pela percepção sensorial de um estímulo e desenvolve-se em estágios que compreendem o reconhecimento, a armazenagem e a comparação da informação recebida. O processo continua com a interpretação e codificação do estímulo. (Gerling, 1995, p.21).

A autora busca investigar as diversas atuações nos processos pedagógico-musicais, com vistas à criação de estratégias de ensino que venham otimizar o desenvolvimento cognitivo da criança. Gerling define como objetivo geral de seu artigo, esta preocupação: "Propiciar ao educador musical uma base de metodologia de percepção musical e educação" (idem).

Zagonel (1997, p.37), em seu artigo, trata também da questão da aprendizagem quando versa sobre "análise musical e à apreciação pedagógico-musical a partir da prática da compreensão musical do som (psicoacústica)".

Salienta que a proposta do artigo é fornecer subsídios musicais e pedagógicos que possibilitem e facilitem a compreensão de peças musicais.

No artigo de Barbosa e França, (2009, p.8), as autoras abordam a relevância da apreciação musical como uma das atividades essenciais da educação musical. As palavras chave do artigo revelam boa parte do pensamento das autoras: educação musical escolar; apreciação musical; teoria espiral. Apoiadas no pensamento piagetiano sobre desenvolvimento da criança, as autoras estabelecem ligações entre o processo de aquisições cognitivas na infância com a aprendizagem na educação musical. Neste sentido, as estudiosas trabalham, em sua pesquisa-ação, tendo como norteadoras as seguintes perguntas:

> Como avaliar aquilo que o aluno revela compreender sobre uma música ouvida? Como é o desempenho desses alunos na tarefa de apreciação musical independente? O que acontece após interferência do professor? (Barbosa e França, 2009, p.9).

Silva e Goldemberg, em seu artigo (2013, p.119), mostram os resultados de um estudo de caso a respeito da relevância da leitura cantada e das práticas de audição notacional. Segundo os autores, fazer e compreender a música assume papéis distintos, pois o primeiro aplica-se à realização da ação no plano prático, enquanto o segundo refere-se à realização da ação no pensamento. Relacionando o estudo destes autores com os seus, Beyer (1999, p.7) ressalta: "vislumbramos a contribuição de Piaget para a educação musical, uma vez que a representação mental da música deve nascer no fazer musical". Explicando o traço construtivista, segundo a autora o compreender ou o saber viria como uma consequência do fazer.

Em seu artigo Penna (2003, p.71) critica como a oposição da música popular e a música erudita tem se mantido histórica e culturalmente, sedimentando práticas culturais e valores sociais distintos assim como formas de aprendizagem. No resumo do artigo, a autora mostra uma preocupação com a necessidade de considerar, no processo educativo, a diversidade de manifestações musicais – inclusive da indústria cultural – que faz parte da vivência do aluno. A autora explica que a permanência do modelo tradicional de ensino de música dificulta a renovação das práticas pedagógicas na área. Já Beyer, faz considerações acerca da referida oposição, afirmando que

> Tal cisão se faz notar especialmente na prática pedagógica. A arte é muito pouco oportunizada em escolas regulares, e quando existe, ela se concentra sobre uma prática pouco criativa, sendo muitas vezes restrito ainda um repertório erudito ou já consolidado pela tradição. (Beyer, 1999, p.6).

Em seus artigos, Silva e Goldemberg também buscam a premissa de que a música ensinada nas escolas poderia ter como base as músicas que os alunos vivenciam em seu dia a dia. Preocupam-se com a ampliação de repertório do aluno e com o respeito às influências culturais e com o uso dessas influências no processo de mediação.

Para os autores que seguem o ideário de apreciação musical construtivista, a música deve oferecer possibilidades didáticas do fazer musical experimental por intermédio da percepção sensorial de um estímulo que desenvolve a escuta em estágios os quais compreendem o reconhecimento, a armazenagem e a comparação da informação recebida. Os autores evocam a teoria piagetiana no desenvolvimento do processo de aprendizagem musical.

No artigo de Green (1997, p.27), é esboçado o sentido da apreciação musical nos seguintes aspectos:

> O primeiro aspecto lida com as inter-relações dos materiais sonoros, ou simplesmente, com os sons da música. Para que uma experiência musical ocorra, os materiais sonoros precisam ser organizados com alguma coerência e essa coerência precisa ser racionalmente percebida pelo ouvinte. (Green, 1997, p. 27).

Para a referida autora, o objetivo da apreciação musical é buscar

> Os significados da música que um grupo social produz, distribui e consomem, quais são esses significados e como eles são construídos, mantidos e questionados. Pesquisa social, etnia e gênero agrupamentos sociais que existem - como identidade, religião nacionalidade, subcultura dentre outros. (Green, 1997, p. 27).

De modo similar, Beyer e Kebach (2009, p.27), consideram que "na dimensão material sonora, a atenção está voltada para as qualidades do som em si, pela qual os sons são manipulados".

Também no artigo de Zagonel (1997, p.37), em relação a apreciação musical, percebemos que existe uma preocupação didática e metodológica (como apreciar, onde e quando e de que forma) e também um cuidado na dimensão perceptivas e fisiológicas do ouvido humano (abrangendo aparelho auditivo, ambientes acústicos e a psicoacústica).

Segundo Beyer e Kebach, o indivíduo

> [...] pode visitar suas verdades, porque é empurrado de modo a se perceber condição humana, quando diante de suas faltas e marcas, tomando como inspirador, resta-lhe caminhar por suas trilhas psíquicas, devidamente

tonalizadas, ritmadas e sentidas ao som que ouve. Trata-se da constituição
interminável do inconsciente. (Beyer e Kebach, 2009, p. 153).

Em relação aos métodos e referências da perspectiva construtivista citados
nos artigos, foram utilizados como abordagem das pesquisas os tipos, quantitativo
e qualitativo. Foram encontradas palavras-chave como norteadoras das análises:
educação musical escolar, apreciação musical, teoria espiral, ensino de música,
análise musical (apreciação-pedagógico-musical), audição notacional, leitura
musical cantada, percepção musical, processamento auditivo e significação.
Percebemos nesses artigos uma preocupação com os processos de aprendizagem
relacionados ao desenvolvimento das crianças.

Segundo Beyer, apoiada na teoria piagetiana, só há aprendizagem,
mediante a ação do sujeito sobre o objeto e a posterior reorganização interna pelo
sujeito. Para a autora, o corpo e a mente podem ser envolvidos na prática
pedagógica musical, por meio da representação mental. Assim,

> Professores, ao trabalharem com a música em sala de aula, deveriam
> preocupar-se em oportunizar que tanto a prática do discurso musical quanto a
> compreensão de seu significado fossem incluídas em suas atividades. (Beyer,
> 1999, p.30).

Em seu artigo, Mendonça e Lemos (2010), relatam um estudo feito com
crianças de cinco anos com e sem prática musical, comparando seu desempenho
em tarefas de processamento auditivo de apreciação musical. Nesse sentido,
percebemos que o estudo foi baseado na teoria de Beyer. As autoras tratam a
apreciação musical no sentido da cognição, fazendo notória a importância do
estudo perceptivo da música na infância.

Foram observadas nos artigos que consideramos de abordagem
construtivista as seguintes metodologias de pesquisa: Pesquisa de observação;
Pesquisa Participante, Pesquisa-ação; Estudo de Caso; Pesquisa Experimental;
Pesquisa Histórica. Já nos procedimentos de coleta de dados, foram usados:
questionários, entrevistas, observação e anotações.

Os procedimentos de análise de dados utilizados nas pesquisas
cognitivistas foram: análise de conteúdo, análise técnica musical, gráficos e/ou
tabelas, mapeamento conceitual e análise fenomenológica.

As referências da abordagem e metodologia dos artigos que se enquadram
na teoria construtivista são: Keith Swanwick, Cecília França, Benedetti, Kerr.
Observamos nos artigos analisados que, em sua maioria, não há referencial
teórico específico de apreciação musical, mesmo que estes tratassem dessa
temática em seu título e/ou conteúdo. Observamos que não havia nenhuma

referência à Esther Beyer, mesmo sendo ela a estudiosa que desenvolveu um significativo número de pesquisa na área.

As referências de metodologia de pesquisa citadas nos artigos são: Laurence Bardin; Bogdan e Biklen; e Krippendorff. Como já foi dito, nas referências de abordagem, nem todos os artigos analisados como construtivista utilizaram referenciais de metodologia.

Na análise referente ao conteúdo dos artigos considerados construtivistas, ficou clara como a apreciação musical é tratada neste contexto. Percebemos que esses autores se preocupam com os processos de aprendizagem, comum nos ideários piagetianos. Buscam um equilíbrio entre a prática e o discurso musical. Criticam a atuação dos professores de educação musical nas atividades escolares, em que trabalham a educação musical valorizando a música erudita em detrimento da música popular. Preocupam-se com a prática do discurso musical e a compreensão de seu significado.

Beyer e Kebach (2009, p.132) demonstram a importância da ampliação de repertório e valorização da cultura trazida pelos dos alunos como ponto de partida para o ensino. Segundo as autoras, "em tempos de inclusão, não podemos negligenciar a importância da implementação de atividades que envolvam a pluralidade cultural na educação musical". O processo de aprendizagem é uma preocupação constante por parte desses autores, construtivistas, pois visa à inovação dos métodos de aprendizagem, possibilitando a abertura de novas didáticas no fazer musical.

3.1.2 Artigos de Perspectivas Críticas

Foram identificados três artigos que se enquadram na categoria educação musical crítica. Com a análise de conteúdo dos artigos, procuramos verificar se se tratava de uma abordagem de apreciação musical crítico-reflexiva com preocupação formativa, humanística e emancipatória. Também foram analisadas as referências de cada artigo, com intuito de verificar se, dentre elas, estava Adorno e outros autores, citados como suporte teórico-crítico para o artigo.

O primeiro artigo encontrado que aborda apreciação musical crítica foi publicado na revista número 6, com o título: *Currículos, apreciação musical e culturas brasileiras*. Foi produzido por Vanda L. Bellard Freire e publicado em 2001. Este artigo traz as seguintes palavras-chave: currículo; apreciação musical; culturas brasileiras; pedagogia crítica. No resumo do trabalho, a autora mostra preocupação com uma apreciação musical formativa e considera esse aspecto do ensino da música como atividade relevante e comprometida com a construção do conhecimento musical. Destaca que, na minuta da disciplina música, a apreciação musical crítica deve ocupar um lugar proeminente. Isso fica evidenciado quando a autora, em seu artigo, faz as seguintes perguntas:

> [...] Que espaço a apreciação musical tem ocupado nos currículos escritos e no cotidiano (currículo em ação) das instituições em que se ensina música, no Brasil? Que objetivo se que conteúdo tem a apreciação musical nesses casos? (Freire, 2001, p.69).

Nesse aspecto, vemos que a autora privilegia os processos formativos, o conteúdo relativo à apreciação musical, a maneira como esta é prevista no currículo e tem sido tratada na prática docente cotidiana.

O segundo artigo identificado como da linha crítica foi o da revista número 13, escrito por Nilceia Protásio Campos no ano 2005, com o título: *Luz, câmera, ação e... música! Os efeitos do espetáculo nas práticas musicais escolares*. Neste artigo, encontramos uma abordagem crítico-reflexiva de apreciação musical. A autora conduz a uma reflexão sobre a manipulação do gosto, moldado pela mídia, o que tem levado a "mudanças de comportamento dos indivíduos e interferido diretamente na cultura destes" (Campos, 2005b, p.77). Segundo a autora,

> É notória a uniformidade dos gostos musicais, que nos faz questionar a aparente uniformidade de expressão dos indivíduos. Se a vontade, segundo Adorno, é naturalmente manipulada tanto as escolhas quanto o comportamento passam a ser previsíveis. Nesse contexto, a liberdade individual é questionável, pois o que se espera é sempre uma atitude coletiva ou mesmo padronizada. (Campos, 2005b, p.77).

O terceiro artigo encontrado foi o publicado na revista número 16, escrito por Maria José Dozza Subtil, no ano 2007, com o título: *Mídias, músicas e escola: a articulação necessária*. A autora articula a questão do gosto musical, desenvolvido pelas pessoas, com a mídia e se preocupa com a forte influência da cultura de massa nas redes regulares de ensino. Segundo a autora,

> [...] na escola não se deve ignorar a mídia, mas refletir sobre sua influência. É preciso valorizar o conhecimento erudito historicamente acumulado como um direito de acesso das camadas populares, que têm na escola a única oportunidade de ampliação do universo cultural. (Subtil, 2007, p.75).

Os métodos e referências utilizados e mencionados nos artigos de abordagem crítica são coerentes com a perspectiva adotada. As propostas explicitadas pelos autores remetem a uma apreciação musical crítica como: o despertar a sensibilidade musical, promover o desenvolvimento da criatividade, ampliar as experiências musicais dos alunos, propiciar práticas que favoreçam a expressão individual e coletiva, transpondo as barreiras da indústria cultural.

Defendendo essa linha de pensamento crítico, Adorno assegura que: "Em matéria de criação artística, o que importa é essencialmente que a imaginação escape a qualquer coação" (Adorno, 2011, p. 37). Campos (2005b), por sua vez, criticando os efeitos nocivos da indústria cultural, alerta que diante da comunicação de massa, a escola integra o silenciamento imposto pela cultura de massa privando o indivíduo de suas próprias experiências e do qual a sociedade é participante. Nesse aspecto, a autora afirma que

> [aquilo] que [o indivíduo] vive consiste na experiência do outro, no gesto do outro. Assim, os sons e as imagens se confundem em um processo de realidade e imaginação que não deixam se quer margem para o diálogo (Campos, 2005b, p.79).

Segundo a referida autora, a interferência da escola é muito importante por exercer função educativa, pois pode e deve proporcionar ao indivíduo condições formativas capazes de levá-lo a compreender criticamente como acontece o processo de transformação da própria cultura. Nessa autora, encontramos ainda ideias de uma educação musical crítica que se preocupa com a emancipação da escuta e a formação integral do indivíduo. Para Campos

> As atividades musicais escolares precisam se realizar de forma a proporcionar aos estudantes, condições de diálogo e questionamento; caso o contrário, não passarão de reproduções e, consequentemente, de monólogos que emudecem cada vez mais as vozes que precisam ser ouvidas. (Campos, 2005, p.79).

Quando esta autora explicita que "o aluno deve compreender a amplitude e a riqueza da linguagem musical" faz lembrar Adorno, porquanto este valoriza a estrutura da peça musical e o conhecimento construído em bases críticas e reflexivas: Segundo Adorno

> [...] a intenção de transformar a educação musical em uma educação da sensibilidade artística, quer dizer, em outros âmbitos materiais da arte e, sobretudo na chamada educação inclusiva do ser humano integral, tem causas materiais sólidas, a saber, o empenho de sustentar as profissões pedagógico-artísticas ameaçadas pela transformação da estrutura social mediante a criação de cartéis e uma ideologia eficaz. (Adorno, 2009, p.117).

Campos (2005b) faz alusões às práticas musicais desenvolvidas hoje em dia, assegurando que são as bases de um cenário musical escolar recheado de formas de expressão que são diretamente influenciadas, mais que em qualquer outro período, pelos meios de comunicação de massa. Segundo a autora:

Os alunos demonstram interesse em reproduzir o que é visto na mídia, mesmo porque ficam, na maioria das vezes, restritos às experiências apresentadas por ela. Por outro, os professores, não possuindo domínio da linguagem musical, optam, por conveniência, pela utilização de recursos tecnológicos, servindo-se do repertório que é imposto pelos meios de comunicação. (Campos, 2005b, p.76).

Nos três artigos de cunho crítico, encontramos a opção pela pesquisa predominantemente qualitativa, que é comum na pesquisa social. Segundo Minayo (1994, p.15) "[...] é necessário afirmar que o objeto das Ciências Sociais é essencialmente qualitativo [...]". O primeiro artigo selecionado nas revistas, o de Freire (2001), relata uma pesquisa de observação. Segundo Gil (1999, p.110) "a observação trata os fatos percebidos diretamente, sem qualquer intermediação, sendo esta uma vantagem em relação a outras técnicas metodológicas".

No artigo de Campos (2005b, p.75), foram utilizadas revisão bibliográfica e pesquisa histórica. Segundo Gil (1999, p.65), "a vantagem de fazer uso de uma revisão bibliográfica, torna-se particularmente importante quando o problema de pesquisa requer dados muito dispersos pelo espaço, sendo indispensável nos estudos históricos". Com opção pela pesquisa histórica, a autora explicita uma postura teórica e política na apreensão do objeto de estudo, trabalhando uma investigação crítica de fatos.

Na pesquisa de Subtil, também foi desenvolvida a observação e, feitas anotações e revisão bibliográfica. Gil (1999, p.110) afirma que "a observação constitui elemento fundamental para a pesquisa social, e chega a ser considerada como método de investigação". Já a revisão bibliográfica, de acordo com o mesmo autor, "reside no fato de permitir ao investigador a cobertura de fenômenos muito mais ampla do que aquela que poderia pesquisar diretamente".

Entre os procedimentos de coleta de dados, constatamos que os autores utilizaram a observação, anotações e fontes secundárias. Foram adotados nos artigos pesquisados os seguintes procedimentos de análise de dados: análise histórica ou cultural (ampla); análise fenomenológica; análise hermenêutica (crítica ou dialética).

Neste estudo também nos propusemos a compreender quais são as referências acerca da abordagem e metodologia adotadas pelos autores. Foram citados como referenciais, nos três artigos analisados relativos à abordagem e metodologia crítica, os autores: Thomas Cliffton, no artigo de Freire (2001, p.69); no artigo de Campos, (2005b, p.75) foi citado Theodor Adorno; e no artigo de Subtil (2007, p.75) foi usado como referencial teórico os autores: Theodor Adorno, Max Horkheimer e Pierre Bourdieu.

No ideário de apreciação musical, encontrado nos artigos considerados críticos, constatamos uma preocupação com uma apreciação musical crítica, formativa e reflexiva. É abordada a formação integral do sujeito e a preparação deste para resistência e emancipação.

Em seu artigo, Freire (2001, p.69) focaliza a apreciação musical crítica considerando-a como atividade comprometida com a construção de conhecimento. Segundo a autora, este aspecto da educação musical pode ser aplicado a qualquer nível de ensino. Freire evidencia empenhar-se para a inserção da apreciação musical nos currículos escolares, pela ótica da pedagogia crítica. Ao mostrar preocupações e propostas, remete à visão adorniana de que

> [...] o indivíduo 'teria de renunciar a todo o meio de estimulação da psicologia de massa, a toda atividade coletiva, a todo afã de uso e utilidade prática, se não deseja destruir precisamente aquilo que há de cultivar com palavras demasiadamente nobres'. (Adorno, 2009, p.110).

A apreciação é uma atitude de escuta reflexiva, crítica e construtiva. O autor referenciado anteriormente considera a apreciação diferente do ouvir despreocupado. Nesta perspectiva, o indivíduo que ouve música em seu cotidiano, tem sua preferência musical voltada para poucos gêneros, geralmente dois ou três estilos, comumente os impostos pela mídia.

No artigo de Subtil (2007, p.75), no que diz respeito à apreciação musical, a autora afirma:

> Os professores podem possibilitar que os alunos adquiram uma visão crítica da música que consomem oferecendo possibilidades de ampliação de uma bagagem musical significativa se apropriando do canto, do ouvir musical, dos ritmos e ampliação de repertórios, na preocupação de formar o aluno para e com a mídia.

De acordo com autora deve-se pensar que o conhecimento, o acesso ao erudito, à cultura historicamente acumulada, são direitos das camadas populares, que têm na escola a única possibilidade de elevação do patamar cultural. Acreditamos que assim a ampliação do universo cultural dos alunos das camadas populares representa uma relevante contribuição para a educação crítica e emancipatória. Nesse sentido, Adorno faz uma crítica à educação escolar:

> [...] o que é peculiar no problema da emancipação, na medida que esteja efetivamente centrado no complexo pedagógico, é que mesmo na literatura pedagógica não se encontra esta tomada de posição decisiva pela educação

para a emancipação, como seria de se pressupor - o que constitui algo verdadeiramente assustador e muito nítido. (Adorno, 2009 p.172).

Na perspectiva crítica, situa-se também o artigo de Campos (2005b, p.75), no qual a apreciação musical é considerada um elemento genuíno da educação musical em uma abordagem crítico-reflexiva perante as impostas pela mídia. A autora destaca quão a músicas de entretenimento influenciam o gosto musical dos professores e dos alunos na cultura escolar. Diante dessa ideia, Adorno afirma que:

> Ao invés de entreter, parece que tal música contribui ainda mais para o emudecimento dos homens, para a morte da linguagem como expressão, para incapacidade de comunicação. A música de entretenimento preenche os vazios do silêncio que se instalam entre as pessoas deformadas pelo medo, pelo cansaço e pela docilidade de escravos sem exigências. (Adorno *apud* Nogueira, 2012, p.102).

Perante tais efeitos, Campos (2005b) propõem o desenvolvimento de apreciação musical que desperte a sensibilidade musical dos alunos, salientando que a escuta é uma atividade intelectual.

Nogueira (2012, p.103), remetendo a Adorno, lembra que "o ato da apreciação musical não é passivo, não é um simples deixar-se levar; pelo contrário, é atividade intelectual, ativa, que exige do ouvinte um comprometimento".

De acordo com Campos (2005b), o desenvolvimento intelectual da escuta acontece mediante práticas musicais que favoreçam tanto a expressão individual como a coletiva as quais proporcionam uma compreensão da estrutura da linguagem musical em sua essência, com a utilização de obras musicais valoradas. Para esta autora, a apreciação musical crítica pode ser estimulada pelo professor que, "[...] ao se dirigir aos alunos, encoraja-os a buscar sua individualidade, e não se moldar pelos outros". Sobre as práticas musicais escolares, Campos enuncia:

> O papel dos ouvintes demonstra pouca capacidade crítica sobre o que ouvem e vêem. A cultura escolar, através de suas atividades musicais, caracteriza-se não só pelo "fazer igual", mas pelo "ouvir igual", "reagir igual" e "gostar igual". Diante disso, a escola deve ampliar as experiências musicais dos alunos e propiciar práticas que favoreçam a expressão musical. (Campos, 2005b, p.79).

Ao falarmos sobre o ideário de apreciação das duas linhas de pensamento, crítico e construtivista, verificamos questões que convergem e outras que divergem entre si.

Nos artigos considerados construtivistas, percebemos que existe uma preocupação com a aprendizagem na prática, sendo a técnica e a literatura elementos complementares nesse processo. Os autores mostram também uma atenção com habilidades específicas de como escutar música, sempre pensando em uma abordagem pedagógica. Para estes autores, a apreciação deve ter como base a reflexão e atribuição de significados à experiência musical.

Já nos artigos considerados de uma abordagem crítica, vimos que há uma dedicação ao desenvolvimento da escuta consciente, pensada, refletida; também da escolha atenciosa dos conteúdos musicais e ampliação de repertório e busca pelo desenvolvimento do senso crítico diante da indústria cultural.

3.2 ANÁLISES DE CONTEÚDO DOS QUESTIONÁRIOS VIA CATEGORIAS DE ADORNO E DE BEYER

Os dados dos resultados obtidos através do questionário serão demonstrados por meio de análises quantitativas, que apresentam as porcentagens das respostas alcançadas. As questões foram objetivas em sua maioria e apenas uma foi discursiva. Sobre os temas abordados no questionário não houve explicação prévia.

As informações recolhidas mediante as perguntas serviram para apreender os ideários e as práticas da apreciação musical. Este questionário foi desenvolvido com o objetivo de examinar a dicotomia das relações das práticas de ensino musical e a correlação da apreciação musical com o que é proposto pelo educador e pelo músico. Objetivamos obter dados referentes à apreciação musical no cotidiano dos educadores musicais e músicos. Tivemos também a intenção de observar as diferenças de relações sociais com a música.

Os dados quantitativos resultantes do questionário respondido por cento e dois (102) indivíduos que atuam na área musical foram apurados pelo programa *google formulários,* que gerou tabelas e gráficos (não apresentados aqui).

Assim, para facilitar a análise, as respostas ao questionário foram separadas em quatro categorias básicas: identificação, prática de apreciação musical, aspectos pedagógicos ligados à apreciação musical e relevância formativa. Cada uma dessas categorias compõe-se de questões específicas.

Desse modo, constamos pelo questionário que, entre 102 indivíduos que responderam ao questionário, 99 atuam com ensino de música e 35 possuem graduação em música.

Diante dos limites da pesquisa *survey*, da tecnologia empregada (*google formulários* – formulário *online*) e da amostragem de respostas, esta pesquisa de campo não esboça de forma idealizada os dados em relação às respostas obtidas. Entretanto, essas respostas auxiliam a elucidar de forma mais genérica e exploratória as relações que pretendemos explanar: apreciação musical e processos formativos.

3.2.1 Identificação e Prática de Apreciação Musical

Obtivemos na primeira questão a amostragem dos dados referentes à formação dos indivíduos, que compreende graduandos, técnicos, graduados e mestres. Desses entrevistados, 49 possuem graduação em música e 14 são mestres, 28 estão em processo de formação superior e 25 são técnicos em música. Assim, constata-se que o questionário foi respondido por pessoas que atuam e/ou tem conhecimentos musicais.

A questão dois apresenta dados relativos ao tempo de atuação na área musical. Essa atuação engloba educadores musicais e músicos que atuam na prática instrumental/regência. A maioria, 64,7% dos indivíduos, atuam no campo musical há mais de 10 anos, 26,5 % entre 5e 10 anos e 8,8% há menos de 5 anos. Deve-se considerar essa atuação de forma genérica, não levando em consideração o campo subespecífico de atuação.

A terceira questão aborda o quantitativo de pessoas que atuam no ensino de música. Oitenta e sete por cento aproximadamente dos que responderam ao questionário exercem alguma atividade relacionada ao ensino. Essas informações cooperam para compor a base de dados que ratificará a importância da apreciação musical.

A apreciação musical revela-se importante no processo de formação do indivíduo em qualquer etapa de escolaridade. A conscientização para a formação musical e humanística traspassa ideologias pré-concebidas, independente dos níveis, graus ou modalidades de ensino. Assim, a quarta questão respondida mostra que 45% atuam no ensino fundamental e médio da rede de educação básica e 46% atua no ensino específico de música.

O hábito de ouvir música é mencionado por 88,2% dos participantes, entretanto não há uma constatação qualitativa desses dados. Foi sugerida, na quinta questão, apenas a verificação da ocorrência de momentos de audição e fruição.

A questão seis refere-se aos meios de escuta. Segundo nossos achados, a audição e fruição são realizadas por diversos meios, mecânicos ou não. A internet, rádio, televisão, *compact disc, pen drive,* concertos e recitais são algumas das possibilidades dos que responderam ao questionário ter contato com músicas e, ainda, assistir a concertos e shows. Todavia, conforme demonstrado nas respostas à sexta questão, a internet é o meio mais utilizado para essa ação, 68,6% a utilizam como fonte principal. São mencionadas também como importantes fontes; *pen drives* (computador, celular, *tablet)*, recitais, concertos e *shows.*

A televisão é o meio menos utilizado − 6,9 −% para escuta de músicas, mas é o principal meio de disseminação de produtos para o entretenimento e prazer.

Obtivemos, a partir da sétima questão, um número de respostas favoráveis à importância do processo de escuta dos entrevistados: 65,7% têm o hábito de reservar um tempo para ouvir música diariamente e 23,5% semanalmente. Apenas 2% atestaram que nunca reservam um tempo para ouvir música.

A questão oito refere-se aos gêneros e estilos musicais que são ouvidos pelos professores participantes da pesquisa. Esse item revela-se importante para estabelecer uma relação entre a escuta do professor e o que é transmitido aos seus alunos. Assim, foi constatado na oitava questão os mais variados gêneros e estilos, destacando-se a música erudita, o jazz e a música popular brasileira (MPB).

A nona questão aborda os gêneros da música erudita com que os educadores e músicos têm mais contato. Essa questão remete apenas aos indivíduos que ouvem música erudita. Das respostas obtidas, 50% dos pesquisados têm mais contato com a música orquestral instrumental, 22,5% com a música clássica ou romântica, 5,9% com a música antiga ou barroca, 8,8% com a música do século XX ou contemporânea e 5,9% outros gêneros.

De acordo com os sujeitos da pesquisa, a música divulgada pela mídia é a que mais apresenta diversidade de gêneros, em resposta à décima questão. Das opções dadas no questionário, não houve nenhuma que sobressaiu. Os professores têm mais contato com o repertório popular. No entanto, este repertório pode incluir músicas citadas em outros itens da questão 10, tais como: sucessos populares no rádio ou TV, temas de cinema, *hits* antigos da MPB e outros.

A questão 11 solicitou que os participantes escrevessem gêneros, estilos, intérpretes e compositores mais ouvidos ou usados em sala de aula. Sobre essa gama de opções deve-se refletir e a ela atribuir significados, pois as respostas se contrapõem às respostas da questão anterior. Na imagem 1, são apresentadas as opções utilizadas, em sala de aula, pelos professores, sobressaindo o gênero MPB, o rock e posteriormente a música erudita, como se constata no recurso nuvem de palavras.

Imagem 1 – Nuvem de palavras da lista de gêneros ou estilos ou composições (intérpretes) de músicas ouvidas ou mais usadas nas aulas[7]

A primeira categoria agrupou questões que apontam aspectos relacionados à identificação dos professores e a sua prática de apreciação musical. Assim, neste grupo, procurou-se compreender a relação do próprio educador com a apreciação musical, demonstrando a frequência da escuta, meios utilizados, gêneros e estilos. Portanto os dados quantitativos nos auxiliaram na compreensão da temática deste trabalho.

---

[7] Nuvem de palavras das principais expressões que definem os gêneros ou estilos musicais citados pelos professores de música. Elaborado a partir do site Tagur: https://tagul.com/cloud/1

Fica notória a importância do tempo reservado para a escuta, porém a escolha do repertório parece não ser realizada de forma sistemática. Nesse aspecto, Adorno (2009) ressalta que os professores são responsáveis por essa escolha, o que deve ser feito com critério analítico, observando-se a qualidade ética e estética. Nessa condição, o professor pode contribuir para que o aluno acesse ou não um repertório cujo gosto está diretamente influenciado pela mídia. Nesse sentido, percebe-se que ainda há práticas não refletidas sobre a apreciação musical no contexto da escuta do músico/educador musical em seu cotidiano.

3.2.2 Aspectos Pedagógicos Ligados à Apreciação Musical

A música pode auxiliar o homem na sua construção crítica e não apenas suprir necessidades, servindo de entretenimento. Conforme Adorno (2009), a música transmite ideias, atitudes e valores, assim é importante o educador conhecer o gosto musical de seus alunos. Isso o auxiliará a trabalhar com conteúdos que vão contribuir com a formação dos estudantes. Na questão doze, é evidenciado o índice de conhecimento do professor pelo gosto musical dos alunos: 51,5% fazem uma investigação, 28,7% têm pleno conhecimento e consideração, 5% imaginam qual seria, 7.9% não o conhece e 5% não se importam com esse aspecto.

Na questão 13, é indicada a opinião dos educadores em relação à diversidade de gêneros e estilos. Sobre esse aspecto, os sujeitos da pesquisa apresentaram as seguintes opiniões: 60,8% concordaram que o professor deve buscar sempre ampliar conhecimento, 33,3% disseram que é uma obrigação, 3,9% não concordam necessariamente e apenas 2% acham que é uma questão de gosto.

Procuramos expor na 14ª questão o ideário dos educadores, em relação ao que julgam importante nas aulas de música. Foram obtidos os seguintes itens: 48,5% acham relevante considerar como ponto de partida o repertório trazido pelos alunos e ampliá-lo; 29,7 % pensam ser relevante propor gêneros diferentes daqueles ouvidos pelos estudantes. Há também alguns educadores, 4%, que focam no gosto musical dos alunos. Apenas 3% não levam em conta esse aspecto e 8,9% acreditam que outros fatores são importantes, conforme as respostas à 14ª questão.

A questão 15 aborda alguns itens que os educadores consideram importantes durante a aula de música. A maioria dos que responderam ao questionário expressaram preocupação com o equilíbrio entre contextualização, técnica e apreciação. O percentual de 22,5% achou pertinente ter um momento para escuta e apreciação musical. Apesar de essas duas principais pontuações estarem separadas, elas podem se complementar. Apenas 2,9 % consideram a técnica como primordial.

Conforme evidenciado na 16ª questão, 58,8% revelaram trabalhar em suas aulas a técnica, a prática, o contexto e a apreciação. Esse entendimento de abordar todos esses aspectos conduz-nos a perceber a preocupação de dialogar com as várias estruturas de práticas e saberes. Entretanto, também há o foco em outras práticas: 15,7% disseram trabalhar a prática musical; 4.9%, a contextualização histórica e social; 3,9%, a apreciação musical, 8,8% a técnica instrumental e vocal e 7,8 % trabalham outros itens.

Conforme explicitado na questão 17, 62,7% dos professores responderam que é importante propor aos alunos repertórios diversificados; 23,5% consideram importante mesclar o seu próprio repertório com àquele proposto pela escola e 13,7% responderam que focam em outros aspectos, como no repertório programático da escola ou no seu próprio repertório,

A questão 18 do questionário destaca a atitude a ser tomada pelo professor diante uma discussão em sala de aula sobre gêneros musicais. Dos educadores, 54,9% responderam que fariam uso dessa problematização nas aulas e 29,4% tentariam compreender o gosto musical dos alunos. No entanto, 5,9% disseram defender seu próprio ponto de vista; 3,9% ficariam neutros e 2% teriam outras atitudes.

A aula de música envolve diversos conteúdos, como mencionados na questão 19. Dos professores, a maioria, 78,4%, considerou que a prática musical, leitura, escrita musical, apreciação e fruição estética são itens primordiais para a aula, sem hierarquia. Aproximadamente 12% afirmaram que o mais importante é a prática musical. Todavia, alguns dos educadores relataram usar esses itens isoladamente, tornando uns mais relevantes em relação a outros.

O grupo de questões (12 a 19) trata aspectos pedagógicos ligados à apreciação musical. Assim, esse grupo versa sobre diversos enfoques relacionados ao ensino de música. No tocante ao aspecto pedagógico da educação musical, Beyer (1999) destaca a importância de o professor conhecer o gosto musical dos alunos, como forma de contribuir para a sua ação docente como mediação para ampliar a cultura e o universo de conhecimento dos estudantes. A autora alerta ainda que o educador considere o contexto social e cultural dos estudantes.

Em relação aos aspectos em foco, questionamos se os sujeitos da pesquisa concebem a visão crítica em relação à música, pois alguns disseram preocupar-se com a ampliação dos gêneros trazidos pelos alunos, oferecendo-lhes outros diferentes dos que estão acostumados a ouvir. Foram, porém, em menor quantidade os que fizeram tal declaração. De acordo com Adorno (2009), o educador deve levar em conta a compreensão dos alunos em relação ao novo, além da ampliação do repertório, despertando-lhes a prática de reflexão e da crítica.

3.2.3 Relevância Formativa da Apreciação Musical

Esta questão expõe diversos itens sobre a relevância formativa da apreciação musical, entre eles: pedagógico, cultural, perceptivo, semiótico e crítico. Apesar de estes itens estarem interligados, separamo-los em categorias para compreender qual ou quais se mostram mais citados.

Conforme denota a questão 20, não houve discrepância significativa nas respostas obtidas. A semiótica – aqui compreendida como o sentido musical no contexto social e histórico – foi escolhida por apenas por 5,9% dos participantes. O processo perceptivo, em contrapartida, foi o item mais escolhido. A intenção de desenvolver a escuta musical contribui para o desenvolvimento cognitivo-musical, portanto, esse processo foi escolhido por 28,4%. O processo pedagógico foi mencionado por 13,7% e o cultural por 18,6%. Todavia, o processo crítico, que se pauta na avaliação crítica, social e cultural, foi escolhido por 21.6% e, ainda 11,8% citaram outros processos, não listados nas opções fornecidas.

As opiniões dos educadores sobre a existência de diferentes níveis qualitativos da música são abordadas na 21ª questão. Procuramos, de forma direta, saber o ponto de vista dos educadores em relação à existência de níveis qualitativos em música. Esse item foi elaborado de forma comum, não especificando gênero e estilo, portanto, aferimos que 49,9% concordam que existem músicas de diversas qualidades, 37,7 % relatam que depende como esta questão pode ser abordada; 10,8% acreditam que isto é uma questão cultural e 2,9% não escolheram entre essas opções apresentadas.

A apreciação musical auxilia a reflexão e o desenvolvimento cultural e propicia uma prática musical, que atribui novos significados. A criatividade, recepção e significação são partes desse processo. Na questão 22 - 73,5% concordaram que a apreciação musical é importante para a formação do aluno, 24,5% relataram que dependerá do processo de escuta e apenas 2% escolheriam outras opções.

A categoria relevância formativa da apreciação musical, tratada nas questões 20 a 22, destaca que a escuta é uma das formas de enriquecer a compreensão musical. Esse processo perceptivo desenvolve a escuta musical fruitiva, técnica, estética e reflexiva e, contribui para a formação de aspectos pedagógicos, culturais e críticos.

Sobre a existência de diferentes níveis qualitativos musicais, os educadores concordam que existe música de boa e de má qualidade. Segundo eles, com auxílio do professor, o aluno poderá compreender a estrutura da música, seu valor estético e desenvolver uma fruição crítica.

De acordo com Adorno (2009), a democratização da música ocorre pelo acesso profundo às obras historicamente valoradas e ao que há de melhor na produção musical, pois, sem esse processo, a educação musical desvia-se de sua função formativa.

CONSIDERAÇÕES FINAIS

Este trabalho teve por objetivo verificar o tratamento dado à temática da apreciação musical no campo da prática de professores de música e na produção científica no Brasil. Por se tratar de uma pesquisa exploratória, tivemos uma visão aberta de tipo aproximativo acerca da apreciação musical.

O tempo da pesquisa foi curto para explorar a fundo um campo tão amplo e rico como da apreciação estética. No entanto, apreendemos duas concepções relativas à forma de abordagem da apreciação musical, a concepção construtivista piagetiana e a concepção crítica emancipatória adorniana.

Por meio da coleta de dados com professores, verificamos que, no campo da prática de atuação destes profissionais, há necessidade de repensar alguns aspectos: mudança na concepção e na prática de apreciação musical, promoção do enriquecimento com aprofundamento do universo cultural dos professores, capacitando-os para uma escuta crítica, tornando-os hábeis para resistir à indústria cultural. Foi possível compreender o quanto é importante o professor de música considerar os processos de aprendizagem dos estudantes por meio da apreciação musical.

Com base no número de artigos analisados e no levantamento de opinião de professores de música pode-se afirmar que a temática apreciação musical nos processos formativos musicais precisa ser melhor estudada, ganhar mais espaço sistemático na produção científica e no campo prático e pedagógico dos professores de música.

Necessita também ser colocada em discussão sua contribuição para formação docente. O educador musical exerce influência sobre seus alunos, sendo assim ele tem um papel fundamental no desenvolvimento de processos relacionados à reflexão e conscientização. Assim, percebemos uma relação entre o que os professores ouvem e apreciam musicalmente com sua prática pedagógica.

A perspectiva crítica, tal como é concebida por Adorno, está timidamente presente nas análises da produção científica e na concepção dos professores de música, o que nos leva a refletir o quanto ainda falta para chegarmos a uma escuta mais emancipada.

Piaget, Beyer e Swanwick enfatizam o fazer, a prática musical, enquanto Theodor Adorno destaca a importância do pensar a música, analisar, refletir, ajuizar.

Logo, mais do que nunca, se faz necessária a apreciação vista de forma crítica, não apenas de forma lúdica ou recreativa, mas com funções educativas e humanísticas. Dessa forma, o docente em música poderá contribuir com o desenvolvimento dos alunos, utilizando o potencial formativo e emancipatório da arte musical.

REFERÊNCIAS

ABBAGNANO, Nicola. **Dicionário de filosofia**, 5.ed. São Paulo: Martins Fontes, 2007.

ADORNO, Theodor. **Introdução à sociologia da música.** São Paulo: Ed. UNESP, 2011.

______. **Educação e emancipação.** Rio de janeiro: Paz e Terra, 1995.

______. Sobre La pedagogía musical. In: ADORNO, T. **Disonancias: introducción a la sociología de la música.** Madrid: Akal, 2009. p.110-127.

______. **Teoria da semicultura.** Campinas: Editora Papirus, 1996.

ADORNO, T; HORKHEIMER, M. **Indústria cultural e sociedade.** São Paulo: Paz e Terra, 2002.

ARANTES, P. Eduardo. **Os Pensadores.** São Paulo: Ed. Nova Cultura,1996.

BENJAMIN, Walter. A obra-de-arte na era de sua reprodutibilidade técnica. In: BENJAMIN, Walter. **Magia e técnica, arte e política.** Obras escolhidas, vol. 1. São Paulo, Brasiliense, 1985.

BEYER, Esther (Org.). **Ideias em educação musical.** Porto Alegre: Ed. Mediação,1999.

BEYER, E. e KEBACH, P. (Orgs.). **Pedagogia da música:** experiências de apreciação musical. Porto Alegre: Ed. Mediação, 2009.

CAMPOS, Gilka M. de Castro. **A formação de professores de música na produção da Associação Brasileira de Educação Musical:** ABEM (1991 a 2003). 163 f. Dissertação Mestrado (Educação Brasileira) – Faculdade de Educação da Universidade Federal de Goiás, Goiânia, 2005a.

CAMPOS, Nilcéia P. Luz, câmera, ação e..música!: os efeitos do espetáculo nas práticas musicais escolares. **Revista da ABEM,** Porto Alegre, n. 13, p. 75, 2005b.

CUNHA, Estércio M. Música: mudança de atitude na sociedade atual. **Revista Goiana de Artes,** Goiás, v. 3, n. 2, p. 155-161, 1982.

FERRARI, Márcio. Jean Piaget, o biólogo que colocou a aprendizagem no microscópio. **Revista Nova Escola.** 2014 (online). Disponível em: <http://revistaescola.abril.com.br/formacao/jean-piaget-428139.shtml> Acesso em: janeiro de 2016.

FREIRE, Vanda L. Bellarde. Currículos apreciação musical e culturas brasileiras. **Revista da ABEM,** Porto Alegre, n.6, 2001.

GIL, Antonio Carlos. **Métodos e técnicas de pesquisa social.** São Paulo: Atlas, 1999.

______. **Como elaborar projetos de pesquisa.** São Paulo: Atlas, 2010.

GERLING, C. Cristina. Bases para uma metodologia de percepção musical e estruturação no 3º grau. **Revista da ABEM.** Porto Alegre, n.2, 1995.

GREEN, Lucy. Pesquisa em sociologia da educação musical. Trad. de Oscar Dourado. **Revista da ABEM,** Porto Alegre n. 4, 1997.

MED, Bohumil. **Teoria da música.** Brasília: Ed. Musimed, 1996.

MINAYO, Maria C. de Souza (Org). **Pesquisa social:** teoria método e criatividade. Petrópolis: Vozes, 1994.

MORAES, Roque. Análise de conteúdo. **Revista Educação,** Porto Alegre, v. 22, n. 37, p. 7-32, 1999.

NOGUEIRA, Monique A. Indícios de um princípio educativo na crítica musical de Adorno. In.: PUCCI Bruno; Costa, Belarmino C. G; DURÃO, Fábio A. (Org.). **Teoria crítica e crises:** reflexão sobre cultura, estética e educação. Campinas: Autores Associados, 2012.

NOTÁRIO, Antonio. Escuchar las músicas de Adorno: Pliegos de Yuste. **Revista de Cultura e Pensamentos Europeus.** n. 7-8, 2008. Disponível em: <http://www.pliegosdeyuste.eu/index.html>. Acesso em: janeiro de 2016.

OLIVEIRA. Natássia D. G. L. de. **Cultura, criação e o privilégio da experiência**. VIII Congresso de Pesquisa, Ensino e Extensão - Conpeex 2011. Disponível em: <http://www.sbpcnet.org.br/livro/63ra/conpeex/doutorado/trabalhos-doutorado/doutorado-natassia-duarte.pdf> acesso em: 21 jan. 2016.

PENNA, Maura. Apre(e)ndendo músicas: na vida e nas escolas. **Revista da ABEM,** Porto Alegre, n.9, 2003.

PETRY, Franciele Bete. Experiência estética em Theodor Adorno: diálogos com arte- educação. **Revista Unimep**. Piracicaba, v. 25 n. 62, p.7-17, 2015.

SCHILLING, Voltaire. **Adorno e cultura de massa**. (2003). Disponível em: <http://educaterra.terra.com.br/voltaire/cultura/2003/09/08/000.htm>. Acessado em 22 de Dez. 2015.

SILVA, Ronaldo e GOLDEMBERG, Ricardo. A audição em músicos profissionais: um estudo de caso. **Revista da ABEM,** Porto Alegre n. 30, 2013.

SÁ-SILVA, Jackson Ronie; ALMEIDA, Cristóvão Domingos de; GUINDANI, Joel Felipe. Pesquisa documental; pistas teóricas e metodológicas. **Revista Brasileira de História e Ciências Sociais**. Ano 1, n. 1, 2009.

SUBTIL, Maria José Dozza. Mídias, músicas e escola: a articulação necessária. **Revista da ABEM,** Porto Alegre, n.16, 2007.

______. **Apropriação e Fruição da Música midiática por crianças de quarta série do ensino fundamental**. 2003. Disponível em: <HTTPS:// repositório. ufsc.br/bitstream/handle> Acesso: 20 jan. 2016.

SWANWICK, Keith. **Ensinando música musicalmente.** São Paulo: Moderna, 2003.

ZAGONEL, Bernadete. Um estudo sobre a *sequenza III,* de Berio: para uma escuta consciente em sala de aula. **Revista da ABEM**, Porto Alegre, n. 4, 1997.

APRECIAÇÃO MUSICAL NA ESCOLA: FORMAÇÃO ESTÉTICA, RESISTÊNCIA E CRÍTICA PARA ALÉM DA INDÚSTRIA CULTURAL

Udiron Moreira de Melo Júnior

&

Eliton Pereira

Resumo: Esta pesquisa teve por objetivo teorizar acerca das bases e dos fundamentos sociológicos e estéticos da teoria crítica na perspectiva adorniana. Objetivamos também estudar a concepção formativa adorniana em relação à música com vistas a encontrar contribuições para a educação musical na atualidade e pesquisar as relações entre música, cultura e educação com foco nas temáticas: formação estética, indústria cultural, resistência e apreciação musical crítica. Nos propusemos ainda a fomentar propostas formativas junto a professores e estudantes da rede pública de educação básica com vistas a configuração de novos arranjos pedagógicos e socioculturais.

Palavras-chave: Formação estética, Indústria cultural, Música, Escola.

INTRODUÇÃO

Com o objetivo de contribuir para a investigação em educação musical no contexto da educação básica na atualidade, esta pesquisa buscou compreender as concepções formativas adornianas - tendo por contexto a pesquisa teórico crítica e a busca pelo suporte no método dialético, que se estrutura no conceito ampliado da contradição, da crítica e da reflexão. Outro conceito em voga neste contexto é o de emancipação, muito bem trabalhado por Theodor Adorno em suas obras de caráter formativo/educativo. Dada às várias contribuições no campo da pesquisa em ciências sociais destas teorias, nos propusemos a realizar estudos ligando esses fundamentos às demandas educativas em música no contexto escolar.

Assim, podemos questionar: É possível pensar a relação educação e emancipação no contexto musical? É possível pensar a educação também como direcionamento da formação estética? Qual o papel fundamental da educação musical quando nos deparamos com as induções de gosto promovidas pela indústria cultural?

Para responder essas questões no contexto do ensino da música é preciso o acesso a uma série de produções do campo da filosofia e sociologia da educação (Adorno, 1993, 1995, 1996, 2011; Zanolla, 2013). Nesta pesquisa realizamos um estudo mais direcionado com vistas a compreender as contribuições dos aportes teórico-críticos adornianos enquanto meio para sustentar um discurso refletido em fundamentos da relação ensino-aprendizagem em música na atualidade.

Quando se pensa em uma formação que busca compreender o sujeito em sua individuação, respeitando sua essência, acreditamos em uma resposta positiva para as questões colocadas. Acredita-se que é possível uma busca por uma emancipação formativa no contexto da música, da arte. Deste modo, a partir da força destrutiva da indústria cultural se faz necessário buscar caminhos para um pensamento musical que não tire o direito ao pensar autônomo sobre a música ou que dê a possibilidade de repensá-la a partir de outras referências.

Se arte é uma obra humana e se música é arte, porque então o ser humano se apropria da arte que consome de modo tão imediato na atualidade? Acreditamos que o caminho de uma nova postura crítica e reflexiva necessariamente passa pela formação estética do gosto musical. Não por meio da imposição ou substituição deste ou daquele estilo, se não, isto seria apenas outra forma de fazer o mesmo processo de indução irrefletida, mas apresentando ao sujeito, em formação, novas possibilidades, novos caminhos, novos fundamentos. Buscamos compreender como é possível abrir a possibilidade de uma postura crítica para resistir ao que é imposto sem reflexão.

Com base nesta problematização, focada na necessidade de compreender processos emancipatórios de educandos que vivem no contexto da influência da indústria cultural (Duarte, 2003), desenvolvemos esta pesquisa com vistas a entender a concepção de Adorno sobre educação e música, sendo que este autor foi preconizado por defender a educação como caminho para crítica, reflexão e emancipação.

A metodologia se organizou em três estágios sistematizados da seguinte forma: o primeiro momento foi de uma busca por embasamento teórico/epistemológico, o segundo momento foi de observação e análise de práticas docentes e, por fim, um terceiro momento com pesquisa empírica e experimentação prática com análise final de alguns resultados.

METODOLOGIA

Intentou-se compreender a concepção formativa de Adorno em relação à música e sua possível contribuição para a educação musical na atualidade. A metodologia adotada se deu em três momentos.

Um primeiro, de cunho teórico e epistemológico, com base nos escritos de Adorno e Horkheimer (Adorno, 1995a, 1995b, 2008; Horkheimer e Adorno, 1973a, 1973b, 1985; Alves-Mazzotti e Gewandsznajder, 1998) sobre educação e sobre música com vistas a compreender o ideário formativo musical do autor (Adorno, 1993a, 1993b, 2001, 2011) e ter neste ideário o fundamento teórico para ações formativas com análise de alguns resultados ocorridos no contexto da pesquisa de campo na escola de educação básica (Vianna, 2003; Demo, 2008).

Inicialmente foi necessário realizar leituras de textos, apontamentos, apresentação e discussão em grupo de pesquisa, o que proporcionou um levantamento de suportes teóricos que direcionaram as ações práticas dos momentos seguintes. Este foi um momento importante para a formação dos pesquisadores envolvidos e para a fundamentação teórica que possibilitou reflexões sobre as temáticas estudadas, principalmente dada a vasta produção teórica do autor principal adotado nesta pesquisa. Aqui comparece uma concepção básica por nós adotada, enquanto postura epistêmico-metodológica, de resistência a uma teoria sem prática e uma prática sem a reflexão teórica.

Um segundo momento da pesquisa se deu na observação de ações formativas em educação musical aproveitando-se da observação de práticas docentes em uma escola pública de Goiânia. Estas observações se deram com base nos procedimentos adotados por Vianna (2003). Procurou-se identificar na prática docente a sistematização no que tange ao processo didático contextualizando com a temática do projeto de formação estética, resistência e crítica. Neste momento foi observado a prática docente identificando a abordagem pedagógica, participação dos alunos quanto ao nível de interesse pela disciplina, conteúdo pedagógico quanto à sua contextualização social e suas implicações no aprendizado.

O terceiro momento do projeto contemplou planejamento e ações docentes em escola pública no ensino médio em onze turmas, em um período de seis meses, compreendendo a etapa final do projeto com aplicação de abordagem pedagógica identificada nos momentos anteriores, com ênfase no que foi identificado no primeiro momento, com aplicação de três questionários.

Este momento foi conduzido por meio das abordagens metodológicas dialéticas de Demo (2008). Um primeiro questionário foi aplicado para um projeto de pesquisa maior no qual este é vinculado objetivando identificação do gosto musical dos alunos, e um segundo questionário foi aplicado já na etapa final do projeto, depois da aplicação das aulas, com objetivo principal de se obter um retorno sobre o desempenho do professor, mas com questões incisivas quanto ao assunto do projeto em relação à abordagem crítica e, um terceiro questionário com apenas uma questão sobre a importância da disciplina para o futuro profissional dos alunos. Sendo que os questionários foram aplicados somente a discentes.

ANÁLISES E REFLEXÕES

Na fase de estudo teórico e epistemológico identificou-se o ideário formativo adorniano e seu ideário musical. Quanto à formação, elenca-se nos relatos finais apenas os que consideramos ser os principais para identificar a sua proposta formativa. Apesar de neste artigo se referir a ideário formativo, Adorno era contrário à uma formação idealizada, pautada em modelos estanques, já que esta não combina com uma ação emancipatória.

> É bastante conhecida a minha concordância com a crítica ao conceito de modelo ideal (Leiibilã). Esta expressão se encaixa com bastante precisão na esfera do jargão da autenticidade (Jargon der Eigentlichkeit) que procurei atacar em seus fundamentos. Em relação a esta questão, gostaria apenas de atentar a um momento específico no conceito de modelo ideal, o da heteronomia, o momento autoritário, o que é imposto a partir do exterior. Nele existe algo de usurpatório. É de se perguntar de onde alguém se considera no direito de decidir a respeito da orientação da educação dos outros. (Adorno, 1995, p.141).

Para Adorno esta concepção é prejudicial pelo fato de impor algo ao indivíduo a partir do exterior, dando a ela uma característica usurpatória. A partir desta concepção entendemos também que Adorno entende que a formação deve ser a partir do indivíduo e não ser imposta a partir de um autoritarismo externo. Mas, por outro lado, Adorno entende que não deve ser totalmente livre, sem direcionamento. Ele compreende que a formação não é como uma imposição de um tipo ideal como modelo a ser adotado, indo além imposição dos temas trabalhados devido à consciência coisificada dos indivíduos.

> A consciência dos candidatos em questão procura por toda parte encontrar proteção, normas, caminhos já consolidados; seja tentando se afirmar por vias já comprovadas, seja inclusive procurando normatizar o próprio curso do exame, evitam-se justamente aquelas perguntas que afinal constituem a motivação de todo o exame. Para resumir: depara-se com a consciência

reificada ou coisificada. Mas esta, a inaptidão à existência e ao comportamento livre e autônomo em relação a qualquer assunto, constitui uma contradição evidente com tudo o que nos termos do exame pode ser pensado de modo racional e sem *pathos* como sendo a "verdadeira formação do espírito", o objetivo das escolas superiores. (Adorno, 1995, p.60).

Uma característica importante na concepção adorniana de formação é o estímulo ao pensamento crítico. Nos textos "A Filosofia e os professores" e "Educação e Emancipação" (Adorno, 1995c), Adorno revela ser favorável ao pensamento crítico por parte dos alunos que o questionavam se poderiam emitir suas opiniões nos trabalhos, sendo por ele incentivados. Acredita-se ser este o ponto crucial de seu ideário formativo. Em outros trabalhos, como por exemplo, em "Introdução à sociologia da música" (Adorno, 2011), Adorno, dando ênfase à importância do posicionamento crítico, cita a pesquisa empírica não a deslegitimando, mas considerando-a insuficiente sem uma reflexão teórica sobre os dados, levando-se em conta o poder subjetivo da música.

Outros dois pontos considerados por Adorno na formação e, que se entende por elementos importantes para o desenvolvimento crítico, são a intelectualidade e o conteúdo. Assim, se faz necessário entender como Adorno considera estes dois termos. O primeiro, para ele, é o ato de pensar e relaciona o pensar a ter experiências intelectuais. Já o conteúdo, Adorno o identifica com a realidade.

> Mas aquilo que caracteriza propriamente a consciência é o pensar em relação à realidade, ao conteúdo - a relação entre as formas e estruturas de pensamento do sujeito e aquilo que este não é. Este sentido mais profundo de consciência ou faculdade de pensar não é apenas o desenvolvimento lógico formal, mas ele corresponde literalmente à capacidade de fazer experiências. Eu diria que pensar é o mesmo que fazer experiências intelectuais. Nesta medida e nos termos que procuramos expor, a educação para a experiência é idêntica à educação para a emancipação. (Adorno, 1995c, p. 151).

A partir deste trecho acima entendemos que para ele, o conteúdo e a intelectualidade são entendidos a partir de um prisma um pouco diferente do que se tem hoje. O que se entende como instrumento de dominação para Adorno é instrumento de emancipação. Para o autor o pensar a realidade é que caracteriza a consciência.

Sobre seu pensamento musical encontramos duas características identificadas por ele na música na era da indústria cultural: a fetichização e a estandardização. Com base em outros textos de Adorno, "O Fetichismo na Música e a regressão da audição" (Adorno, 1996) e "Sobre música popular" (Adorno, 1993a), encontramos algumas outras características, advindas daquelas apontadas por Adorno, e ainda pensando em sua concepção de educação, estas características podem influenciar em muito a forma como compreendemos a formação do indivíduo.

Para Adorno a música (Adorno, 1996), desde a Grécia antiga possuía, o que se mantêm desde lá para cá, uma função disciplinadora e como reflexo nos dias de hoje, continuando como uma obediência cega à moda musical. Outra característica da música na era da Indústria cultural é a escuta sem atenção.

> Um especialista americano em propaganda radiofônica — que utiliza com predileção especial à música — manifestou ceticismo com respeito ao valor de tais anúncios, alegando que os ouvintes aprenderam a não dar atenção ao que ouvem, mesmo durante o próprio ato da audição. (Adorno, 1996, p. 67).

Adorno identifica ainda a música como uma mercadoria, por isso utiliza o termo marxiano de fetiche. E o que caracteriza a música com esta abordagem é o fato de se consumir valores dela sem sequer compreender qualidades específicas sobre ela, pontua Adorno (1996). Seguindo esta tendência, outra faceta da música, analisada por Adorno, é a afetividade por um estilo adotado, onde o autor identifica que a importância de uma opinião se depara com o fato de que afetividade terá maior importância do que o motivo da discussão.

Na seguinte fala de Adorno, "fabricou o sucesso, não porque o concerto lhe agradou, mas por ter comprado a entrada" (Adorno, 1996, p.66) identificamos a semelhança contemporânea da ostentação. Por último, das características aqui elencadas identificamos na seguinte fala:

> A ocupação efetiva do valor de troca não constitui nenhuma transubstanciação mística. Corresponde ao comportamento do prisioneiro que ama a sua cela porque não lhe é permitido amar outra coisa. A renúncia à individualidade que se amolda à regularidade rotineira daquilo que tem sucesso, bem como o fazer o que todos fazem, seguem-se do fato básico de que a produção padronizada dos bens de consumo oferece praticamente os mesmos produtos a todo cidadão. (Adorno, 1996, p. 80).

Aqui percebemos os elementos de estandardização e fetichização bem evidentes. O valor de uma obra industrializada não está em um poder místico da mesma, mas ao fato de o ouvinte não ter outra opção.

Deste modo, foi possível compreender que os escritos de adorno podem contribuir para a educação na atualidade, pois as problemáticas, as questões centrais da educação musical, tem resvalado em contextos bem parecidos ao contexto em que o autor realiza suas análises e suas críticas.

Partindo destes fundamentos conceituais, propusemos realizar um estudo de campo em aulas de música em escolas de educação básica de Goiânia. Incialmente analisando algumas aulas observadas pelo pesquisador (Bolsista-IFG), no contexto do estágio curricular obrigatório, e, posteriormente propondo ações educativas musicais em algumas aulas, também ministradas pelo pesquisador. Este estudo de campo contribuiu no sentido de possibilitar a reflexão sobre a aplicabilidade de propostas educativas musicais baseadas nas propostas emancipatórias adornianas.

Este segundo momento da pesquisa se objetivou em observar práticas docentes em aulas de música em escola da rede estadual de ensino. Na abordagem pedagógica se observou em duas turmas distintas uma oscilação entre uma aula prática direcionada e planejada e outra aula mais livre no sentido de não ser totalmente direcionada. Na aula mais planejada observou-se um maior aproveitamento no fluir da condução pedagógica, com um começo, meio e fim mais definidos. Nesta aula havia reflexão social sobre preservação do meio ambiente, por exemplo, a partir da letra das músicas, produzindo nos alunos um considerável interesse pela aula, pelo conteúdo. Enquanto que a aula menos fechada, ou menos planejada, foi constituída, quase que em sua totalidade, de práticas musicais sem reflexão, ou compreensão do que era feito.

Pensando em Adorno e sua concepção formativa é essencial compreender a relevância de uma aula planejada. Somente a prática sem reflexão não é formativa para Adorno, já que para ele a formação é pensar problematicamente conceitos e não os assumir em sua positividade.

> (...) a formação a que nos referimos consistiria justamente em pensar problematicamente conceitos como estes que são assumidos meramente em sua positividade, possibilitando adquirir um juízo independente e autônomo a seu respeito. (Adorno, 1995c, p. 80).

Partimos destas bases teóricas para elaborar uma proposta de análise e de intervenções com aulas de música no contexto do ensino básico. Assim, demos prosseguimento a uma terceira fase da investigação.

A terceira e última fase do projeto se deu na proposta de uma aplicação educativa dos conceitos adornianos identificados no primeiro estágio do projeto, adaptando a proposta à dinâmica de sala de aula percebida no segundo momento da pesquisa e aplicando-a em onze turmas de ensino médio de uma escola da rede pública de ensino, contextualizando essa proposta à realidade e dinâmica social dos alunos.

No contexto desta terceira fase da pesquisa, realizada junto às aulas de música na escola, inicialmente foi aplicado um questionário sobre o gosto musical dos alunos em todas as onze turmas. Como a pesquisa foi para o projeto maior ao qual este projeto é vinculado, alguns poucos dados são usados para cruzamento, de modo que percebeu-se elementos já identificados como sendo possíveis de serem analisados com base nas reflexões tecidas por Adorno.

Nas respostas a este questionário, a maioria dos alunos destas turmas optou por responder como tendo preferência pela música sertaneja ao invés de *funk* ou *rap*, que primariamente se deduziu ser o gosto da maioria pelo fator idade e contexto social. O elemento identificado por Adorno aqui é a não emancipação do regionalismo. Em "Educação e Emancipação" Adorno (1995c) identifica que regionalismos são formas culturais unilaterais. Outra característica da formação identificada por Adorno e, que neste questionário se identificou, é que na questão treze, se perguntava qual a reação ao ouvir *funk*. Uma parte considerável das respostas foi de aversão, o que Adorno identifica como o elemento afetivo por um estilo adotado, o que define a preferência musical com base em concepções sobre determinado estilo mais do que sobre elementos constitutivos da obra em si.

> (...) a opinião de que com uma voz modesta se pode produzir música tão boa quanto a que se pode tocar em um piano de sonoridade modesta, deparará de imediato com uma situação de inimizade e hostilidade que afetivamente reveste-se de muito maior importância que o próprio motivo da discussão. (Adorno, 1996, p. 76).

Identificados estes elementos advindos do primeiro e segundo estágios da pesquisa, procurou-se elaborar aulas de música que envolvesse elementos teóricos e práticos. As quatro primeiras aulas foram elaboradas para os primeiros e segundos anos do ensino médio como introdução pensando os conceitos de arte, música e indústria cultural, sendo esta primeira parte essencialmente teórica. Posteriormente foram pensadas aulas nas quais se buscou contextualizar a formação ocidental da música, começando pela pré-história e seguindo pela antiguidade, idade média e renascimento, discutindo com os estudantes, no contexto das aulas, temáticas como: feitio/elaboração e consumo inconsciente pelos consumidores. Para os segundos anos, foram trabalhadas depois das quatro primeiras aulas introdutórias o mesmo conceito, porém tendo como conteúdo elementos culturais das regiões do Brasil.

No final do semestre e do projeto aplicou-se um questionário de avaliação de desempenho do professor pelos alunos, contendo duas questões pertinentes ao projeto e que servem de análise do desenvolvimento da pesquisa. Uma questão sobre prática social e outra voltada para a reflexão crítica. Um segundo questionário foi aplicado no final de projeto e continha apenas uma pergunta sobre a importância da disciplina para os alunos no seu futuro profissional.

Do questionário de avaliação de desempenho, analisamos a primeira questão, na qual foi perguntado aos discentes como eles avaliavam o desempenho do docente no contexto das aulas de música em relação à capacidade de relacionar os conteúdos das aulas com a prática social mais ampla. As respostas possíveis eram: 1) O desempenho precisa ser totalmente modificado; 2) O desempenho foi satisfatório, mas poderia ser melhorado; 3) O desempenho correspondeu às expectativas; 4) O desempenho foi realizado acima das expectativas. Verificou-se que os estudantes concentraram suas respostas nos desempenhos acima das expectativas e atendendo às expectativas de desempenho docente.

Em outra questão pertinente, questão dois, foi perguntado aos discentes como eles pensavam o desempenho do docente no contexto das aulas de música em relação ao estímulo ao desenvolvimento do senso crítico dos estudantes no contexto dos conteúdos trabalhados. As respostas possíveis eram: 1) O desempenho precisa ser totalmente modificado; 2) O desempenho foi satisfatório, mas poderia ser melhorado; 3) O desempenho correspondeu às expectativas; 4) O desempenho foi realizado acima das expectativas. Verificou-se que os estudantes concentraram suas respostas nos desempenhos acima das expectativas e atendendo às expectativas de desempenho docente.

Já a questão três abordou a distribuição de 183 respostas à pergunta sobre qual o nível de satisfação atribuído pelos estudantes à contribuição desta disciplina (música) para sua vida profissional, contendo quatro possibilidades de resposta: insatisfatório (5%), regular (15,9%), bom (39%) e ótimo (40,1%).

Observa-se que é necessário considerar algumas variáveis subjetivas em relação aos dados quantitativos citados como, por exemplo, respostas desinteressadas e respostas influenciadas pela identificação para com o docente. Por outro lado, consideramos satisfatórios os resultados, no sentido de representarem uma forma de compreensão das questões envolvidas com a prática pedagógica inspirada na teoria crítica adorniana, aqui voltada para o contexto do ensino de música em escola de educação básica.

Podemos considerar que a maioria dos discentes compreenderam a relação das aulas de música com uma prática social mais ampla. Entendendo, desta forma, a disciplina de música não só como entretenimento ou prática desvinculada de uma reflexão crítica. Aproximadamente 80% dos alunos consideraram a música como uma disciplina que contribuirá para a vida profissional mesmo não sendo um profissional da área específica. Talvez possamos considerar que esse quantitativo pode ser menor, se tivermos em conta as variantes subjetivas citadas, contudo ainda sim um quantitativo considerável de estudantes manifestou aprovação às aulas ministradas.

CONCLUSÃO

Conclui-se que a pesquisa aqui empreendida alcançou seus objetivos nos limites determinados, indo além quando buscamos propor ações práticas pedagógicas, o que ampliou em muito o quantitativo de dados coletados na pesquisa de campo.

Não apresentamos aqui todas as análises possíveis. Somente um recorte é apresentado, o que já serve para exemplificar os resultados alcançados. As análises de conteúdos não foram totalmente desenvolvidas como havíamos previsto (Bardi, 2011), no entanto empreendemos uma síntese das observações e das ações desenvolvidas no contexto da pesquisa de campo, aqui de modo refletido com base nas categorias adotadas.

Deste modo, tendo por base o ideário teórico adotado, é importante pensar uma formação musical que seja relevante mesmo para aqueles estudantes que não serão músicos profissionais, pois a música no contexto da formação básica se constitui em um conteúdo formativo do humano – sem distinção de talentos natos. Nesse sentido, busca-se integrar o contexto social, permitir outras possibilidades estéticas e relacionar a liberdade de criação com um conteúdo direcionado, pensando em um aluno apto a superar uma cultura alienada. Esta abordagem se configura em um desafio docente de considerável complexidade e relevância – o que foi compreendido e vivenciado no contexto desta pesquisa.

Ações formativas que priorizem a prática musical tanto quanto as que as ignoram totalmente são injustas para com o ser em formação. Estes, que por uma via ou outra terão a oportunidade de refletir por si mesmos, de formar conceitos por si próprios - cuja capacidade tem sido usurpada em muitos casos.

Assim, incluímos nesta síntese a importância do desenvolvimento da autonomia e também da relação teoria/prática no processo de aprendizado musical, além da formação docente em música com consistência crítica e pedagógica.

No desenvolvimento deste projeto confirmamos ser possível essa conciliação entre teoria e prática de uma forma refletida no contexto do ensino de música, contudo entende-se que esta é apenas uma contribuição para novos caminhos. Vislumbramos novas pesquisas, que a partir da concepção de formação emancipatória, se contextualizem com a realidade de cada lugar, entendendo que tanto a música como o ser humano são sujeitos dialéticos e subjetivos.

REFERÊNCIAS

ADORNO, Theodor. **Filosofia da nova música**. São Paulo: Perspectiva, 2001.

_______. **Introdução à sociologia**. São Paulo: Editora UNESP, 2008.

_______. **Introdução à sociologia da música**. São Paulo: Editora UNESP, 2011.

_______. Experiências científicas nos Estados Unidos. In: _______. **Palavras e sinais – Modelos críticos** 2. Rio de Janeiro: Vozes, 1995a. pp. 137-178.

_______. Sobre Sujeito e Objeto. In: _______. **Palavras e sinais – Modelos críticos 2**. Rio de Janeiro: Vozes, 1995b. pp. 181-201.

_______. **Educação e Emancipação**. Rio de Janeiro: Paz e Terra, 1995c.

_______. O fetichismo na Música e a Regressão da audição. In:_______. **Adorno: os pensadores**. São Paulo: Nova Cultura, 1996. pp. 65-108.

______. Teses sobre sociologia da arte. In: COHN, Gabriel. (org.) **Sociologia** (Theodor Adorno). São Paulo: Ática, 1993. pp.108-114.

______. Sobre música popular. In: COHN, Gabriel. (org.) **Sociologia** (Theodor Adorno). São Paulo: Ática, 1993a. pp.115-146.

______. Porque é difícil a nova música. In: COHN, Gabriel. (org.) **Sociologia** (Theodor Adorno). São Paulo: Ática, 1993b. pp.147-161.

ALVES-MAZZOTTI, Alda Judith; GEWANDSZNAJDER, Fernando. **Método nas ciências naturais e sociais**: pesquisa quantitativa e qualitativa. São Paulo: Pioneira, 1998.

BARDI, Lawrence. **Análise de Conteúdo**. São Paulo: Almedina Brasil, 2011.

DEMO, P. **Pesquisa participante saber pensar e intervir juntos.** 2ª ed. Brasília: Líber Livro editora, 2008.

DUARTE, Rodrigo. **Teoria Crítica da Indústria Cultural**. Belo Horizonte: Editora UFMG, 2003.

HORKHEIMER, M. e ADORNO, T. W. **Dialética do esclarecimento**. Rio de Janeiro: Zahar, 1985.

______. Sociologia da arte e da música. In: ______ **Temas básicos da sociologia**. São Paulo: Cultrix, 1973a. pp.105- 119.

______. Sociologia e investigação social empírica. In: ______. **Temas básicos da sociologia**. São Paulo: Cultrix, 1973b. pp.120-131.

VIANA, H. M. **Pesquisa em educação a observação.** Brasília: Plano Editora, 2003.

ZANOLLA, S. (org.). Educação Artística e Formação Musical em Adorno. In: ______. **Arte, Estética e Formação Humana**: possibilidades e críticas. Campinas – SP: Alínea, 2013.

OS AUTORES

 **André Bernardes Pereira** é Licenciado em Música pelo IFG. Iniciou os estudos de fagote com Alexandre dos Santos, Flávio Lopes e Luciano Gomes. Dentre os professores, teve aulas com Jamil Bark, Afonso Venturieri, William Davis, Aloísio Fagerlande, Fábio Cury, Noel Devos, Francisco Formiga e Arion Linharez. Atuou na Sinfônica de Ribeirão Preto, Orquestra de Câmara Goyazes e no Basileu França. Atualmente é o 1° fagotista da Orquestra Sinfônica de Goiânia. Contato: andrefagott@yahoo.com.br

 **Eliton Pereira** é Doutorando em Ciências da Educação pela USC (Universidade de Santiago de Compostela - Espanha). Mestre em Educação Musical (EMAC-UFG). Especialista em Tecnologias em Educação (PUC-RJ) e Licenciado em Música (EMAC-UFG). É pesquisador e autor de livros e artigos na área de educação musical. É professor do IFG – Campus Goiânia onde atua na Licenciatura em Música. Contato: elitonpereira@gmail.com

 **Janete Marques Borges Melo** é Licenciada em Música pelo IFG. Foi bolsista PIBID e participou de projetos de pesquisa no IFG e dos eventos: V ENECIM, V EGEM e IX SENARTE. Tem atuado como Maestrina de Banda escolar pela Fundação Bradesco; como Educadora Musical no Colégio da Polícia Militar de Goiás e com Musicalização no Colégio Estadual Parque Amazônia. Contato: janetembmelo@gmail.com

 **Luciana da Costa e Silva** é Especialista em Psicopedagogia pela UEG (Universidade Estadual de Goiás), Bacharel em Musicoterapia pela UFG (Universidade Federal de Goiás) e Licenciada em Música pelo IFG. Participou de projetos de pesquisa no IFG. Tem experiência em Educação Musical nas redes Municipal e Estadual de ensino básico e em escolas de ensino específico de música. Contato: lucostae@hotmail.com

 **Márcia Rodrigues Trigueiro** é Licenciada em Música pelo Instituto Federal de Educação, Ciência e Tecnologia de Goiás (IFG). Participou de projetos de pesquisa no IFG. Musicista, cantora e tecladista. Atua com ensino de música e performance musical, com foco na música popular religiosa contemporânea. Contato: marcia_trigueiro@hotmail.com

 **Udiron Moreira de Melo Júnior** é Licenciando em Música pelo IFG, onde participou de grupos de pesquisa e foi bolsista PIBIC/CNPq. É professor de Artes, Música e Ensino Religioso pela Secretaria de Educação do Estado de Goiás e pesquisador nas Áreas de Educação, Educação Musical e Ciências da Religião. Tem experiência na área de Educação com ênfase em Educação Musical. Contato: udironjunior@gmail.com

Compreender as contribuições da Teoria Crítica, de suas concepções formativas, sociológicas e estéticas para o desenvolvimento de pesquisas em educação musical na atualidade é o objetivo deste livro.

O questionamento sobre como a teoria crítica concebe pesquisas de cunho crítico da sociedade, possibilitou o desenvolvimento de estudos voltados para a interpretação da cultura musical contemporânea.

Os estudos aqui apresentados abrangem desde a formação de professores até propostas educativas propriamente ditas. Sãos abordadas categorias como: indústria cultural, consumo, inversão de valores, apreciação estética e a perspectiva crítica na educação musical.

Apoio